ICETE Series

Educación Ministerial que Transforma

Recomiendo *Educación ministerial que transforma*, un recurso muy valioso para el desarrollo de profesores y líderes en educación teológica. El paradigma de aprendizaje transformador, tal como se define y explica claramente en este libro, ha moldeado significativamente mis ministerios de enseñanza y liderazgo en los últimos diez años. Ningún otro paradigma sobre educación transformadora ha sido presentado con una base bíblica sólida, con investigación educativa de apoyo, con sensibilidad a las realidades contextuales y con talleres diseñados cuidadosamente para la aplicación práctica. La aplicación de los principios del aprendizaje bíblico transformador continuará desafiando la forma en que hacemos la educación y continuará insistiendo en que el maestro es el currículo.

Joanna Feliciano-Soberano, PhD
Decana Académica,
Seminario Teológico Asiático, Ciudad Quezón, Filipinas

«Transformación» se ha convertido en una palabra sin sentido en la formación del ministerio. Muchos usan la palabra sin saber su significado. Luego de haber capacitado y entrenado a líderes en ministerios transformacionales, los autores han presentado una visión de transformación que ha sido bien investigada y que se basa en una experiencia profunda: lo que es, lo que se está transformando, por medio de qué proceso y con qué resultados. Este libro es más un manual para la capacitación transformacional que un libro de texto para ser estudiado en abstracción de la práctica. Por consiguiente, aquellos que hayan realizado el ciclo completo de talleres ofrecidos por Asociados Globales para la Educación Transformacional (GATE) encontrarán que esta es una pieza valiosa para guiarlos en su práctica. Para aquellos que no han asistido a ningún taller de GATE, o que solo han ido a uno o dos talleres, les recomiendo que asistan a todos los talleres para que puedan obtener lo mejor de este material.

John Jusu, PhD
Director Regional para África, *Overseas Council*

Educación ministerial que transforma es mucho más que un manifiesto sobre educación teológica. Es el fruto de la reflexión de educadores teológicos con experiencia en diferentes culturas y de su práctica en estas culturas. Es una invitación a recordar que el llamado de la educación teológica es la transformación que fomenta la apropiación de la verdad de Dios para moldear la visión del mundo, el carácter y la práctica de los estudiantes de seminario y de la iglesia. Este libro es una lectura obligatoria para quienes consideran que la educación no es un entrenamiento, sino una formación, y que desean aprender más sobre las perspectivas y los métodos transformacionales.

Elizabeth Sendek
Presidenta,
Seminario Bíblico de Colombia, Medellín, Colombia

Conozco desde hace más de catorce años a los autores de *Educación ministerial que transforma*. Puedo declarar que las vidas de cientos de profesores y estudiantes en Europa del Este han sido transformadas mediante los principios y métodos descritos en este libro. Los autores presentan metodologías y ejemplos prácticos para repensar la educación de los seminarios. Aquí encontrará un equilibrio entre los altos requisitos académicos y el enfoque en equipar a los graduados para un ministerio eficaz en la iglesia. El libro se mantiene en un terreno teórico sólido, pero con una orientación práctica que permite evitar muchos errores a las escuelas de teología de los países en vías de desarrollo.

Sergiy Sannikov, PhD
Presidente emérito de la Asociación de Acreditación Euroasiática

En las aguas más bien apacibles de la experiencia docente de un educador teológico, este libro plantea la pregunta: «¿Para qué?» Exige que reconsideremos nuestras razones para enseñar y nos pide que readaptemos la enseñanza hacia la transformación. De manera significativa, la transformación que se necesita abarca tanto a los tutores como a lo que se enseña, ya que para el alumno «el profesor es el currículo». Aquí hay un libro que prepara a los educadores para que preparen a sus alumnos para servir a la iglesia. ¡Qué su alcance crezca!

Havilah Dharamraj, PhD
Decano Académico,
Instituto de Estudios Cristianos Avanzados del Sur de Asia, Bangalore, India

Tradicionalmente, la capacitación del profesorado se veía solo desde la perspectiva de la acreditación de profesores. Reconocer esto como un problema ha llevado a resolver una gran falla en la educación teológica. *Educación ministerial que transforma* representa la esencia de un proyecto de capacitación que ha llevado la educación teológica a un nivel superior, ayudando a los seminarios a ser transformadores y no solo proveedores de contenido. El currículo de GATE proporciona una respuesta fundamental para una necesidad real en el desarrollo del profesorado.

Josue Fernandez
Director Regional para América Latina y el Caribe, Overseas Council

En *Educación ministerial que transforma*, Robert Ferris, un educador y teólogo experimentado, proporciona un recurso vital para que los educadores teológicos logren la enseñanza y el aprendizaje transformacionales. El lector pasa de los fundamentos teológicos y de la ciencia y la teoría del aprendizaje a prácticas educativas para diseñar e implementar un currículo que transforme a los alumnos a través del modelado y la enseñanza.

Para los educadores teológicos, que en su mayoría son educadores no profesionales, este libro proporciona teoría y práctica educativas que se necesitan con urgencia para el aprendizaje transformacional. Además, este recurso es un producto de quince años de pruebas y refinamiento de su filosofía y estrategia para la educación transformacional a través de los talleres de Asociados Globales para la Educación Transformacional (GATE) realizados en Asia, África, el Caribe, Europa del Este y América Latina.

Como Asociado de GATE, recomiendo este libro para que lo usen educadores e instituciones que deseen ver la transformación de sus graduados y las comunidades a las que están llamados a servir.

Rev. Emmanuel Chemengich, DMin
Director Ejecutivo,
Asociación para la Educación Teológica Cristiana en África

Muchos de nosotros hemos escuchado a los críticos decir que la educación teológica no es ni teológica ni educativa. La razón por la que existe esta percepción es la falta de capacitación para educadores teológicos. Este libro, *Educación ministerial que transforma*, está escrito por educadores que también son pensadores teológicos. Recomiendo el libro a aquellos que quieran ver a los estudiantes participar en nuestro ministerio de transformación. Gran parte de nuestra educación teológica ha perdido su enfoque misional y ministerial y, por lo tanto, no vemos a la iglesia como una comunidad transformada y transformadora. Este es un libro práctico y tiene una base teológica sólida. Estoy convencido de que ayudará a los profesores a ver su papel como agentes de aprendizaje transformacional, lo que traerá como resultado un futuro más prometedor y un liderazgo de la iglesia más centrado en la misión de Dios y el ministerio.

Ashish Chrispal, PhD
Consultor principal, Overseas Council

Este libro se destaca por ser fruto de una jornada de reflexión y acción sobre la educación teológica, mirando la salud de la Iglesia en la formación de liderazgo. El discernimiento proveniente de la lectura resultará en una experiencia de enseñanza transformadora.

Augustinho Santana, PhD
Rector,,Seminario Bíblico del Nordeste, Brasil

Este libro invita a reflexionar sobre el hecho de que Dios desea que su verdad transforme el pensamiento, las perspectivas, los valores, la conducta y las relaciones. Lo desafiante es que este tipo de transformación deberá ocurrir desde adentro; en primer lugar en nosotros, los profesores y administradores, para que luego, junto a nuestros estudiantes podamos vivir como seres transformados en nuestros contextos. Los autores de este libro así lo creen, predican y viven.

Mariel Deluca Voth
Consultora para la educación teológica en América Latina,
reSource Leadership International

Educación Ministerial que Transforma

Modelar y enseñar la vida transformada

Robert W. Ferris

con

John R. Lillis y Ralph E. Enlow, Jr.

© 2019 Robert W. Ferris

Publicado en 2019 por Langham Global Library
Un sello editorial de Langham Publishing
www.langhampublishing.org

Langham Publishing son un ministerio de Langham Partnership

Langham Partnership
PO Box 296, Carlisle, Cumbria, CA3 9WZ, UK
www.langham.org

ISBNs:
978-1-78368-648-3 Print
978-1-78368-675-9 ePub
978-1-78368-677-3 PDF

Rober W. Ferris ha afirmado su derecho de ser identificados como los autor de esta obra bajo la Ley de propiedad intelectual, diseños y patentes de 1988 (Reino Unido).

Todos los derechos reservados. Ninguna parte de esta publicación puede ser reproducida, almacenada o transmitida de manera alguna ni por ningún medio, sea electrónico, mecánico, de grabación o de fotocopia, sin el permiso previo de la editorial o de la agencia de gestión de licencias (Copyright Licensing Agency, RU).

Las citas bíblicas indicadas con nvi han sido tomadas de la Santa Biblia, Nueva Version Internacional ®, NVI ®, ©1999 por Bíblica, Inc.™ Usado con permiso de Zondervan. Todos los derechos reservados mundialmente. www.zondervan.com.

British Library Cataloguing-in-Publication Data
A catalogue record for this book is available from the British Library

ISBN: 978-1-78368-648-3

Traducido del inglés por Eric Hernandez y Josue Fernandez
Cover & Book Design: projectluz.com

Langham Partnership apoya activamente el diálogo teológico y el derecho del autor a publicar, pero no necesariamente respalda las opiniones y puntos de vista expuestos y las obras referenciadas, ni garantiza su corrección técnica y gramatical. Langham Partnership no acepta ninguna responsabilidad u obligación a personas o propiedad como consecuencia de la lectura, el uso o la interpretación del contenido aquí publicado.

Contents

	Prefacio: El *quién, cómo, y porqué* de este libro xi
1	Educación ministerial para una iglesia transformada. 1
2	Enseñar para transformar: fundamentos teológicos 15
3	Enseñar para transformar: la ciencia del aprendizaje 27
4	Enseñar para transformar: de la teoría a la práctica 51
5	Modelar el liderazgo transformador 71
6	Papel de las partes interesadas en el desarrollo del currículo . . . 87
7	Papel del profesorado en el desarrollo curricular 101
8	Planificar cursos para el aprendizaje transformador. 111
9	Evaluar la educación ministerial 123
10	Desafío para transformar la educación ministerial 133

Apéndices

Apéndice A: Breve historia de GATE 149

Apéndice B: Filosofía de enseñanza y aprendizaje de GATE 159

Apéndice C: Currículo de los talleres de GATE 165

Apéndice D: Programa del taller del Año 1 169

Apéndice E: Lecturas adicionales 171

Bibliography 173

Prefacio

El *quién, cómo,* y *porqué* de este libro

Educación ministerial que transforma es fruto de quince años de colaboración. Robert (Bob) Ferris, John Lillis y Ralph Enlow están capacitados en estudios bíblicos y teológicos y son educadores profesionales que han invertido sus carreras en la enseñanza y el liderazgo en universidades cristianas y en seminarios. De la misma manera, todos han tenido el privilegio de experimentar un extenso compromiso ministerial con la iglesia global.

Esta combinación de perspectiva educacional desarrollada y pasión por la salud de la iglesia global los llevó a lanzar un proyecto conocido como Asociados Globales para la Educación Transformacional (GATE)[1] en el año 2003. En el contexto de talleres con profesores de universidades cristianas y de seminarios, los autores interactuaron con cientos de educadores teológicos de Europa del Este, Asia, África, América Latina y el Caribe y perfeccionaron la filosofía y las estrategias de la educación ministerial transformacional que se presentan en los capítulos siguientes.

Aunque el contenido de este libro representa una amplia colaboración grupal, por diferentes circunstancias y consenso mutuo, Bob redactó la mayoría de los capítulos. John proporcionó un borrador del Capítulo 3, que aborda los conceptos e investigación de la teoría del aprendizaje fundacional y un borrador inicial del Capítulo 4. Las ideas y notas editoriales de Ralph fueron

---

1. Duane H. Elmer, Trinity Evangelical Divinity School y miembro del equipo inicial de GATE, contribuyó enormemente al desarrollo de GATE durante sus años de formación. Una breve reseña de la historia de GATE aparece en el apéndice A.

significativas para refinar tanto el contenido como la precisión técnica del manuscrito. Bob supervisó la edición final.

Entre el 2013 y el 2018, el equipo de GATE capacitó a nuevos Asociados, aumentando su número de tres a seis y luego a treinta y dos. Al finalizar la capacitación del último grupo de veintiséis nuevos Asociados de América Latina, el Caribe, Asia y África, los autores transfirieron el liderazgo de GATE a sus colegas globales. Las percepciones educativas, metodológicas y culturales de estos Asociados, fruto abundante y siempre maduro de nuestra continua colaboración global, se reflejan en todo el libro.

Este libro fue escrito para nuestros Asociados globales, para los profesores de seminarios que se han inscrito en los talleres de GATE en los últimos quince años y para aquellos a quienes nuestros equipos de GATE capacitarán en el futuro. Más ampliamente, este libro está escrito para educadores teológicos en la iglesia global, tanto en los países en vías de desarrollo como en los países occidentales, que anhelan ver las vidas de sus estudiantes transformadas por el poder de la Palabra y el Espíritu y que también anhelan ver a sus graduados convertirse en agentes de transformación en las congregaciones y comunidades donde sirven. Que Dios, en su gracia, conceda que *Educación Ministerial que Transforma* se use para ese fin.

Robert Ferris, John Lillis y Ralph Enlow
Noviembre 2017

1

Educación ministerial para una iglesia transformada

Grandes multitudes seguían a Jesús, y él se volvió y les dijo: «Si alguno viene a mí y no sacrifica el amor a su padre y a su madre, a su esposa y a sus hijos, a sus hermanos y a sus hermanas, y aun a su propia vida, no puede ser mi discípulo. Y el que no carga su cruz y me sigue, no puede ser mi discípulo. Supongamos que alguno de ustedes quiere construir una torre. ¿Acaso no se sienta primero a calcular el costo, para ver si tiene suficiente dinero para terminarla? De la misma manera, cualquiera de ustedes que no renuncie a todos sus bienes, no puede ser mi discípulo». (Lucas 14: 25–28, 33)

Mientras aún hablaba, muchos creyeron en él. Jesús se dirigió entonces a los judíos que habían creído en él, y les dijo: «Si se mantienen fieles a mis enseñanzas, serán realmente mis discípulos; y conocerán la verdad, y la verdad los hará libres.» (Juan 8:30–32)

Mi Padre es glorificado cuando ustedes dan mucho fruto y muestran así que son mis discípulos. Así como el Padre me ha amado a mí, también yo los he amado a ustedes. Permanezcan en mi amor. (Juan 15:8–9)

> Jesús se acercó entonces a ellos y les dijo: —Se me ha dado toda autoridad en el cielo y en la tierra. Por tanto, vayan y hagan discípulos de todas las naciones, bautizándolos en el nombre del Padre y del Hijo y del Espíritu Santo, enseñándoles a obedecer todo lo que les he mandado a ustedes. Y les aseguro que estaré con ustedes siempre, hasta el fin del mundo. (Mateo 28:18–20)

En muchas partes del mundo actual, la iglesia está creciendo en número, pero es impotente desde el punto de vista espiritual. El cristianismo evangélico creció al menos en un 300% en las cuatro décadas entre 1970 y 2010.[1] No obstante, la superficialidad del cristianismo en la iglesia global es una realidad perturbadora. Los países que reportan el mayor porcentaje de cristianos también están en la lista de los países más corruptos del mundo. Los Estados Unidos, una nación fundada de acuerdo a explícitos principios cristianos, y reconocida por enviar el mayor número de misioneros a otras culturas, es también el principal exportador mundial de programas de televisión eróticos y violentos. Los cristianos del mundo occidental, en particular la generación más joven, están abandonando la iglesia en números alarmantes. En toda Europa, cientos de edificios de Iglesias se han transformado en mezquitas, tabernas y museos. El Islam, no el Cristianismo, es la religión que más rápido está creciendo en el mundo.[2]

¿Por qué está sucediendo esto? ¿Está fallando el cristianismo porque lo que proclama ha demostrado ser insatisfactorio, incluso increíble, de acuerdo al crisol de la vida del siglo 21? O, ¿es este fracaso que observamos el resultado de decir que somos cristianos, pero no mostramos ninguna evidencia del poder transformador del Evangelio?

---

1. Centro para el Cristianismo Global, "Christianity in Its Global Context: 1970–2020: Society, Religion, and Mission," Seminario Teológico Gordon-Conwell, junio 2013, revisado 15 marzo 2017, http://www.gordonconwell.com/netcommunity/CSGCResources/ChristianityinitsGlobalContext.pdf.
2. Michael Lipka y Conrad Hackett, "Why Muslims Are the World's Fastest Growing Religious Group," Pew Research, 6 abril 2017, revisado 21 septiembre 2017, http://www.pewresearch.org/fact-tank/2017/04/06/why-muslims-are-the-worlds-fastest-growing-religious-group/.

Los misiólogos reconocen que la conversión al cristianismo se identifica mejor como un cambio de perspectiva con respecto al mundo.³ En algunas culturas, la perspectiva que predomina con respecto al mundo es animista. En la mayor parte del norte de África, el Medio Oriente y Asia Central, la perspectiva dominante con respecto al mundo es la musulmana. En el sur y el este de Asia, reinan las perspectivas hinduista, budista o confuciana. En el occidente, la perspectiva que prevalece es el naturalismo. Tristemente, en la mayoría de la iglesia global, la característica de la perspectiva de los cristianos con respecto al mundo es la de la cultura que los rodea. A pesar de sus profesiones, las vidas de la gran mayoría de los cristianos profesantes prácticamente no se distinguen de las de sus vecinos no cristianos.

¿Por qué crece el número de cristianos, mientras el impacto de la iglesia en las relaciones sociales y en la moralidad cultural se marchita? Los cristianos oran, las iglesias nacionales establecen y logran metas que tienen que ver con la plantación de nuevas iglesias, y las escuelas de teología gradúan personas que aspiran a convertirse en líderes de iglesias, pero el cristianismo dinámico continúa eludiendo gran parte de la iglesia global.

Está claro que algo tiene que cambiar si queremos que la conversión al cristianismo implante un punto de vista diferente con respecto al mundo y produzca vidas transformadas. Hay muchos candidatos para el cambio: un cambio en el enfoque del evangelismo al discipulado, un cambio en la vida de la iglesia de congregaciones a individuos, a una comunidad de hermanos y hermanas espirituales, un cambio de ser testigos de un evento a ser testigos como un estilo de vida. Puede que el cambio más accesible, sin embargo, esté en la forma en que los candidatos se preparan para el liderazgo de la iglesia.

Un número alarmante de líderes de la iglesia global no tienen entrenamiento, aunque muchos han recibido algún tipo de entrenamiento formal. En miles de escuelas bíblicas, universidades teológicas y seminarios alrededor del mundo, los miembros del profesorado se esfuerzan, a menudo de una manera sacrificial, para transmitir a los estudiantes el conocimiento que han adquirido sobre la Biblia y sobre el ministerio en la iglesia y en la sociedad. Este noble esfuerzo empodera y motiva a los graduados a compartir

---

3. Ver Paul G. Hiebert. *Transforming Worldviews: An Anthropological Understanding of How People Change* (Grand Rapids: Baker Academic, 2008).

la información, los principios y los conceptos que adquieren con las personas en las comunidades donde ministran.

Sin embargo, existe una distinción esencial entre los creyentes informados y los discípulos transformados. La información, en especial la verdad que se revela en la Biblia, tiene una importancia vital, pero Dios desea no solo que recordemos y repitamos la verdad, sino que la apliquemos en los diferentes contextos de la vida. Dios pretende que la obediencia a su Palabra transforme nuestro pensamiento, perspectivas, valores, conducta y relaciones.

Los miembros del profesorado desean ver las vidas de sus estudiantes transformadas por las conferencias y los pastores desean ver las vidas de las personas en su iglesia y su comunidad transformadas por sus sermones. El deseo, sin embargo, no garantiza que esto se haga realidad. Con toda seguridad, el solo enfoque de transferir información en realidad impide la transformación de la vida de los estudiantes y los miembros de las iglesias. Para hacer realidad su deseo de transformar vidas, los miembros del profesorado y los líderes de las iglesias tienen que ministrar y enseñar con este objetivo en mente. Este compromiso con la transformación requiere una nueva pedagogía y nuevos patrones de relaciones.

La educación ministerial transformacional

Los problemas inherentes a los modelos actuales de entrenamiento para el ministerio se han reconocido durante décadas.[4] Algunos han abogado por cambiar los seminarios tradicionales en favor de una educación ministerial «dentro de la iglesia».[5] Aunque la frustración de los detractores de los seminarios es comprensible, gran parte del capital físico e intelectual de la iglesia, a lo largo de la historia y también en la actualidad, se invierte en escuelas de teología. Los programas no formales de entrenamiento para

---

4. F. Ross Kinsler, "Bases for Change in Theological Education", en F. Ross Kinsler, *The Extension Movement in Theological Education*, edición revisada (Pasadena, CA: William Carey Library, 1978, 1981), 3–24.

5. Especialmente insistentes en abogar por una educación ministerial «dentro de la iglesia» como un reemplazo de la educación tradicional en seminarios han sido aquellos asociados con *BILD International* (http://www.bild.org/).

ministerios sirven honrosamente a algunos sectores dentro de la iglesia[6] pero la administración responsable indica que los recursos que representan las escuelas de entrenamiento ministerial no se deben descartar ni eliminar. Estos recursos se deben redirigir para satisfacer mejor las necesidades de liderazgo de la iglesia. Este es un desafío multifacético que demanda comprensión y empoderamiento tanto de la iglesia como del profesorado y el personal administrativo de los seminarios. Siete transiciones en el pensamiento y la práctica son necesarias para alcanzar esta meta.

De la orientación hacia el gremio a la orientación hacia la congregación

La historia del romance de la iglesia con la educación formal es bastante reveladora. Las universidades europeas, que a lo largo de la historia han desempeñado el rol de preparar a los ministros de las iglesias, con frecuencia son la fuente y los proveedores de dudas con respecto a la autenticidad y la veracidad de las Sagradas Escrituras y de la fe cristiana. En los Estados Unidos, la trágica relación de la iglesia con la educación superior sale a relucir en la historia de Harvard, Yale, Princeton, la Universidad de Chicago y muchas otras instituciones fundadas para la preparación de ministros cristianos. En la actualidad, estas instituciones brindan muy poco servicio directo a la iglesia. A través de sus seminarios de agencias acreditadoras, tienen mucho que ver con las universidades de investigación a la hora de establecer los estándares académicos. Hacemos bien en entender las fuerzas que contribuyen a este decepcionante legado.

La misión de la universidad de investigación y la misión de las escuelas de teología son muy diferentes porque las calificaciones del liderazgo académico y de investigación son diferentes de las del liderazgo en la iglesia. Las universidades de investigación existen para preservar y promover el conocimiento científico y cultural; los seminarios existen para equipar a los líderes que, a su vez, «capacitan al pueblo de Dios para la obra de servicio, para edificar el cuerpo de Cristo» (Efesios 4:12–13). Cuando los seminarios se

---

6. Se debe hacer una mención especial del movimiento de Educación Teológica por Extensión (TEE, siglas en inglés) que Dios ha usado en muchas naciones. Para actualizaciones sobre el TEE, ver https://www.increaseassociation.org/.

orientan hacia la universidad y hacia el gremio de los eruditos, equipan a los graduados para ese gremio y no para el ministerio en la iglesia.

Un seminario solo puede tener éxito cuando apunta a la iglesia. Es la misión y las necesidades de la iglesia, no los valores de la universidad y del gremio, lo que tiene que dictar la cultura del seminario, su currículo y su pedagogía. Esto representa un cambio sísmico, un realineamiento tectónico, en nuestra perspectiva sobre la orientación de la preparación del ministerio y nuestro concepto de la escuela teológica. Este cambio no va a ocurrir rápido ni libre de traumas, pero es esencial para la salud de la iglesia y para la misión del seminario.

De la transferencia de información a la formación de líderes

El enfoque característico de la educación ministerial es la transferencia de información de los profesores a los estudiantes. Los miembros del profesorado se quejan todo el tiempo de que no tienen el tiempo necesario para «cubrir el material» requerido en el plan de clase. Aunque reconocen que los estudiantes también tienen que desarrollar ciertas habilidades, el énfasis está en adquirir y comunicar información. Las formas estándares de evaluación de los estudiantes son los reportes de investigación y los exámenes escritos, en los que se espera que los estudiantes repitan o, en ocasiones, sinteticen lo que han escuchado o leído. Una y otra vez, en talleres en Europa oriental, África, Asia y América Latina, cuando se les pide que identifiquen el enfoque de los cursos que enseñan, los profesores de teología indican que su énfasis primario está en la transferencia de conocimiento e información.

Este enfoque en la transferencia de información está pedagógicamente desorientado y resulta problemático desde el punto de vista teológico. El conocimiento de la Biblia es esencial para la vida y el ministerio cristiano, pero la adquisición, la retención y la repetición de información bíblica, teológica y pastoral no constituyen una preparación adecuada para el ministerio. Los pastores, evangelistas y misioneros no pasan sus días en las bibliotecas, leyendo libros y escribiendo reportes; el ministerio es relacional y el cristianismo se vive. Si las verdades que se aprenden no se practican en la vida, van a sonar huecas. Las verdades que no se practican tienen más probabilidades de alejar a otros de Cristo que de atraerlos a Él. Las marcas de un cristiano no son los títulos académicos ni los listados de publicaciones sino las relaciones de amor

(Juan 13:35) y la santidad de vida (Hebreos 12:14). Sin embargo, la aplicación de la verdad bíblica en la vida, el carácter del estudiante, raras veces se evalúa y a menudo se considera una cuestión inaccesible e inadecuada dentro del contexto académico.

El enfoque en la transmisión de información también resulta problemático desde el punto de vista teológico. La Gran Comisión no es «hagan discípulos enseñándoles a *recordar* todo lo que les he mandado a ustedes», sino que es enseñarles «a *obedecer* todo lo que les he mandado a ustedes» (Mateo 28:20; énfasis añadido). Esta también era la intención de Dios para Israel. Mientras Moisés le enseñaba los estatutos y las leyes de Dios a Israel, les decía: «Apréndanselos y procuren *ponerlos en práctica*» (Deuteronomio 5:1; énfasis añadido). Cuando lleguemos al cielo, nadie nos pedirá que rindamos un examen. Ni a Dios ni a Satanás les importa mucho cuánto sabemos si no aplicamos las verdades que sabemos en nuestras vidas y en nuestras relaciones.

Además, el enfoque solo en la transferencia de información está desviado. Las cualidades de los líderes de las iglesias en el Nuevo Testamento se detallan de manera específica en 1 Timoteo 3:1-13, 2 Timoteo 2:24-25 y Tito 1:6-9. Un análisis de las cualidades que se mencionan en estos pasajes revela que el dominio de información se menciona solo una vez («[El anciano] debe apegarse a la palabra fiel, según la enseñanza que recibió» Tito 1:9), se mencionan solo unas pocas habilidades (por ejemplo, «capaz de enseñar», «debe gobernar bien su casa»); sin embargo, muchas de las cualidades que se mencionan tienen que ver con el carácter del líder (por ejemplo, «moderado, sensato, respetable, hospitalario, amable, apacible»). El carácter se enseña con el ejemplo de la vida, no solo enseñando estándares o imponiendo reglas. La información, en particular la revelación bíblica, tiene un valor instrumental; adquiere valor e importancia en la medida en que se aplica en la vida.

Alinear la pedagogía con la teología no requiere que la información se devalúe, sino que se aplique. La meta del entrenamiento para el ministerio debe ser la obediencia a la verdad, no solo la memorización de la verdad. La obediencia a la verdad abre la vida del creyente y, lo que es aún más importante, del estudiante de seminario, al poder transformador del Espíritu Santo. Cuando los miembros del profesorado enseñan por obediencia a la verdad, crean ambientes en los que la educación ministerial puede ser transformacional.

De una escuela a una comunidad de aprendizaje

Los patrones de educación europeos, norteamericanos y coloniales han recibido una profunda influencia de las perspectivas y la filosofía helénica. Un aspecto central, en ese sentido, es el individualismo, la asunción de que el bien del individuo es más importante que el bien de la comunidad y de que la comunidad prosperará a medida que los individuos dentro de ella prosperen. Esta asunción afianza la valoración de la democracia y el capitalismo en el mundo occidental. No obstante, en ningún otro lugar el individualismo se hace más evidente que en la escuela. Así como sucedía en la *República* de Platón, los estudiantes se distinguen y se promueven basándose en sus habilidades y logros individuales. El estatus de élite se asigna a los profesores y a «los que saben». El progreso en la escuela se considera como una buena característica de la persona y aquellos que más progresan en la escuela son estimados por la sociedad y la academia.

Los hebreos antiguos veían la vida de una manera diferente. Así como las culturas de la mayor parte del mundo actual, se le otorgaba una prioridad a la búsqueda del bien de la comunidad. A medida que la comunidad prosperaba, se asumía que los individuos dentro de la comunidad también prosperarían. Se le otorgaba un gran valor a *shalom*, a la vida como Dios la ve. La palabra *shalom* es mucho más rica que nuestra palabra «paz», la que a menudo se usa como traducción. *Shalom* incluye salud física y seguridad, provisión para las necesidades personales, familiares y comunitarias, buenas relaciones dentro de la familia y la comunidad, y bienestar general. En una comunidad caracterizada por *shalom*, cada uno es el guardián de su hermano. El comercio se lleva a cabo con pesos y medidas justas y no se le cobra interés a un miembro de la comunidad. Los vulnerables de la sociedad, la viuda y el huérfano, son protegidos y la comunidad provee para sus necesidades. El amor privilegia el bien del otro por encima del bien personal.

La escuela promueve, de manera inherente, el bien individual, en vez de fomentar una comunidad donde las personas se cuidan unas a otras. Es necesario dar pasos intencionales para corregir la desviación de la escuela hacia el individualismo no bíblico. Aunque se reconocen las diferencias entre los dones y los roles de los estudiantes, los profesores deben modelar y alentar la valoración de cada individuo, cuidándose unos a otros, y el compromiso con la comunidad. Con demasiada frecuencia, nuestras iglesias solo son congregaciones de individuos. El campus del seminario podría ser la mejor oportunidad para que los estudiantes experimentaran la comunidad y el *shalom*. Sin embargo, eso no sucederá a menos que, de manera colectiva, demos pasos para minimizar las expresiones de nuestra desviación académica hacia el individualismo, con el objetivo de promover una mentalidad de comunidad, cuidando los unos de los otros, como es la intención de Dios.

De un ambiente competitivo a una cultura colaborativa

Uno de los efectos más perturbadores del individualismo en la escuela tradicional es la promoción del aprendizaje como un empeño competitivo. Es privilegio y responsabilidad del profesor «evaluar» a los estudiantes y su trabajo. Debido a que solo un estudiante puede ser el mejor de la clase, la competencia egocéntrica provee la motivación para sobresalir, lo que da como resultado un limitado número de ganadores y muchos perdedores que ya no tienen la menor duda acerca de ellos mismos y de sus habilidades. La colaboración o la ayuda que se brinda a otro estudiante casi siempre se consideran «fraude» y, por consiguiente, se castigan. La ventaja sobre los compañeros y la alabanza de «los que saben» son metas deseadas.

Repito, el modelo bíblico es diferente; la colaboración, no la competencia, es lo que se premia. En Israel, la educación era colaborativa, ya que cada uno enseñaba la ley de Dios a sus familiares y a sus vecinos.

Si queremos que nuestra educación sea cristiana, los profesores tienen que encontrar formas de fomentar las actitudes y las actividades colaborativas. Tenemos que estar más conscientes de nuestras tendencias caídas hacia la autopromoción egocéntrica a costa de los demás y entrenar a nuestros estudiantes para que eviten esas actitudes y conductas pecaminosas. En vez de enfocarnos primordialmente en los logros individuales, debemos priorizar la celebración de la salud de la clase, la comunidad y la iglesia, así como de aquellos que contribuyen a ella. Sin embargo, esto demanda una profunda reflexión sobre la cultura de nuestras escuelas y seminarios.

De un profesorado de eruditos de élite a un profesorado de modelos sabios

La universidad ha sido una sirvienta infiel de la iglesia. La cultura de la universidad es el dominio del gremio erudito. El conocimiento se valora por encima de todo lo demás; la preservación del conocimiento, la transmisión del conocimiento y el descubrimiento y la extensión del conocimiento. Todo esto es apropiado; la sociedad occidental se beneficia de las sustanciales contribuciones de la universidad. No obstante, cuando los seminarios adoptan los valores de la universidad y del gremio, el efecto en la misión del seminario es desastroso.

Los valores del gremio son marcadamente contrarios a los valores de la iglesia y a las cualidades esenciales del liderazgo espiritual. La educación seminarista no tiene que descartar el conocimiento o privilegiar la ignorancia, pero sí tiene que reconocer que el conocimiento tiene un valor instrumental (versus intrínseco). La verdad de Dios se vuelve transformacional a medida que se aplica en la vida y en la sociedad. El miembro ideal del profesorado del seminario, por ende, no es el erudito aislado sino el ministro activo.

Para recuperar su misión, el seminario tiene que reevaluar las cualidades y las expectativas de su profesorado. El principio controlador fue establecido hace veinte siglos: «El discípulo que fuere perfeccionado, será como su maestro» (Lucas 6:40 RVR 1960). Los estándares bíblicos para la entrada al ministerio casi siempre tienen que ver con el carácter, no con el conocimiento avanzado. El conocimiento de Dios y su revelación son esenciales pero la sabiduría hebrea, como hemos visto, trasciende el mero conocimiento; más bien demanda obediencia a la verdad conocida. La cualidad esencial de los profesores de los seminarios, por tanto, tiene que ser su obediencia y la modelación de las verdades que enseñan. De la misma manera, el enfoque de su instrucción tiene que ser ver la verdad de las Escrituras vivida en las vidas de sus estudiantes. El conocimiento de la verdad bíblica es importante tanto para los miembros del profesorado como para los estudiantes, pero no es suficiente. Para que sea transformacional, la verdad tiene que demostrarse en las relaciones individuales y colectivas de amor, pureza moral y justicia.

De los logros educacionales a la efectividad ministerial

Debido a que la escuela y los eruditos se enfocan en los premios y los logros académicos, estos son los estándares que se aplican cuando se evalúa a los aprendices. En primer lugar, esto se observa a la hora de evaluar a los aspirantes a la escuela o el seminario. Si bien puede haber preguntas con respecto a la relación del aspirante con Jesucristo y con una iglesia local, se considera muy importante la experiencia previa del aspirante y su éxito en la escuela. De la misma manera, tanto las notas de una clase como la entrega de certificados o títulos se enfocan en los logros académicos del estudiante.

¿Por qué no se considera problemático cuando los estándares bíblicos para el liderazgo de la iglesia no son académicos sino asuntos de carácter, dones espirituales y evidencias de fidelidad en el ministerio? Si el seminario afirma su llamado de preparar ministros para la iglesia, parece claro que el éxito académico tiene que revalorarse. El equipamiento espiritual y moral de aquellos que están siendo entrenados para convertirse en líderes de la iglesia debe tener una mayor prioridad. Este nuevo establecimiento de prioridades se evidenciará, en primer lugar, en una revisión de los estándares de admisión. En un ambiente de aprendizaje donde se enseña y se modela la obediencia a la verdad bíblica, un estudiante que ya evidencia dones y cualidades para el liderazgo de la iglesia antes de entrar tiene más probabilidades de progresar en el desarrollo de esas cualidades que un estudiante sin esa ventaja.

Este estándar también se tiene que aplicar luego de haber concluido el programa de estudios del seminario. El estudiante que tiene buenos resultados académicos pero que se resiste a la obra de Dios en su vida o que evidencia poca aptitud o dones para el ministerio no debe ser certificado para el liderazgo de la iglesia. Solo podrá imponerse tal estándar cuando las escuelas cumplan con efectividad su misión de desarrollar líderes para la iglesia y cuando los miembros del profesorado cumplan con efectividad su responsabilidad de enseñar para la transformación de la vida y del ministerio. Cuando la instrucción es transformacional, no obstante, es razonable y justo evaluar a los aprendices sobre la evidencia de la transformación de las actitudes y las conductas que se observa en sus vidas.

De la evaluación de las entradas, los procesos y los productos a la evaluación del impacto social

Además de la evaluación de los estudiantes, se deben reconsiderar los criterios y los métodos de evaluación de los currículos del seminario, así como el programa de entrenamiento. Históricamente, las instituciones educacionales, incluyendo los seminarios, reportan informaciones acerca de los recursos que se destinan a la enseñanza y el aprendizaje («datos de entradas»). Las estadísticas y los reportes se elaboran teniendo en cuenta las calificaciones académicas de los estudiantes que ingresan, las calificaciones académicas del profesorado, los recursos de aprendizaje (que incluyen, pero no se limitan a, los libros existentes en la biblioteca), las instalaciones físicas dedicadas a la instrucción, los ratios profesor/estudiante y las proporciones y el diseño curricular. Las evaluaciones más rigurosas también examinan los métodos de instrucción que se emplean, el número de graduados y la ubicación de los graduados en el ministerio (lo que a menudo se denomina datos de «procesos y productos»). El enfoque en la evaluación de las entradas, los procesos y los productos, sin embargo, puede llevar a conclusiones inapropiadas con respecto a la pertinencia y la efectividad del entrenamiento que se ofrece.

El criterio más importante para evaluar el entrenamiento que un seminario ofrece es la forma en que los creyentes individuales, las iglesias locales y las comunidades son transformadas como resultado del ministerio de sus graduados. Si un seminario se jacta de tener tasas elevadas de graduación y ubicación, pero las iglesias y las comunidades donde sirven los graduados no son transformadas por el Evangelio, ¿cómo podemos estar satisfechos y decir que el seminario está cumpliendo su misión?

Dios pretende que el efecto de la redención que Él compró y que nosotros proclamamos debe tener como resultado vidas que se caractericen por la humildad y la santidad y comunidades que se caractericen por la justicia, la compasión y la virtud. Cuando vemos esto como el efecto del ministerio de los graduados del seminario, entonces es justo concluir que el entrenamiento que se ofrece es transformacional y que los programas de la escuela se alinean con su misión.

Repensando la educación seminarista

Este capítulo comenzó con la observación de que la iglesia global se queda muy corta a la hora de impactar la cultura local y global de la manera en que Dios lo planeó y que repensar la educación seminarista podría ser el enfoque más accesible para corregir este problema. Aunque hemos observado siete áreas específicas que es necesario cambiar para llevar a cabo un entrenamiento ministerial transformacional, estos cambios están a nuestro alcance. No es necesario abandonar el seminario para llegar a nuestra meta de tener una iglesia vital y transformacional.⁷ No obstante, se necesitan profundos ajustes en nuestro enfoque de la educación seminarista y estos cambios no serán fáciles. Que Dios nos anime y nos capacite para confiar en Él mientras enfrentamos los desafíos que vendrán.

---

7. Asociados Globales para la Educación Transformacional (GATE, siglas del inglés) es un proyecto que prepara al profesorado para llevar a cabo el cambio de la enseñanza que se basa solo en la transferencia de información a la enseñanza para la vida y la transformación del ministerio. La historia de GATE se relata en el apéndice A y los valores educacionales que han guiado el desarrollo de GATE se describen en el apéndice B. Los equipos de GATE trabajan con conjuntos de escuelas, y proveen un currículo que se explica en cuatro talleres de tres días que se ofrecen en un período de cuatro años. El currículo de GATE se describe brevemente en el apéndice C y el programa del taller del Año 1 se provee en el apéndice D. Para más información acerca de GATE, ver www.GATEglobal.org.

2

Enseñar para transformar: fundamentos teológicos

Cuando repensamos la educación seminarista para tener un liderazgo transformacional en la iglesia y la comunidad, no hay mejor lugar por donde comenzar que las Escrituras. La sabiduría educacional se adapta y se desarrolla todo el tiempo como respuesta a los resultados de investigación y a las nuevas teorías, pero la Palabra de Dios posee un criterio inalterable para evaluar los valores, las teorías y los métodos educacionales. Lo que encontramos cuando examinamos las Escrituras, tanto el Antiguo como el Nuevo Testamento, es que la intención de Dios es que su verdad transforme nuestras vidas, nuestras relaciones y, por tanto, nuestras sociedades.

La educación en el antiguo Israel era transformacional por diseño

Mientras Moisés enseñaba sobre la fidelidad y la ley de Dios antes de que Israel entrara a la Tierra Prometida, su énfasis estaba, repetidamente, en la gran importancia de actuar de acuerdo a la ley de Dios. No era suficiente haber recibido la ley de Dios o recordarla; Israel debía poner en práctica la ley de Dios[1], es decir, permitir que la obediencia a la ley de Dios transformara cada aspecto de su vida personal y comunitaria. Este aprendizaje transformador debía ocurrir, además, en la familia y en la comunidad.

---

1. La expresión «asegúrate de poner en práctica [la ley de Dios]» se encuentra veinte veces en Deuteronomio.

El propósito de la educación era conocer y obedecer la ley de Dios

Barclay cita el Mishnah, que enseña que «el deber de un padre, que consta de tres partes, es "instruir a su hijo en la Ley, conducirlo al matrimonio y enseñarle un oficio"».[2] Los judíos antiguos reconocían que la educación moral de un hombre es tan importante como la preparación para el matrimonio o como tener un medio de vida. El texto para la instrucción moral era la ley de Dios, la cual dio a conocer a través de Moisés. La familiaridad íntima con la ley y la obediencia a esta era esencial para obtener la aprobación de Dios y su bendición. El amor de un padre hacia su hijo se reflejaba en su dedicación a enseñarle a conocer y obedecer la ley de Dios.

Debido a que la obediencia a la ley era el enfoque de la educación de los hebreos, las calificaciones esenciales para enseñar la ley incluían una precisa familiaridad con la ley y un estilo de vida de obediencia a la ley. Debido a que la ley estaba diseñada para ser transformacional, moldeando el carácter del aprendiz para que se alineara con el carácter de Dios, era esencial que un padre, el maestro, fuera un modelo de la obediencia deseada. Barclay afirma: «Los judíos estaban mucho más interesados en el carácter moral del maestro que en sus calificaciones académicas».[3]

Para los hebreos, el propósito del aprendizaje era la transformación, demostrada como la verdad aplicada a la vida. Esto contrasta grandemente con el ideal helenístico de aprender por amor a la adquisición de conocimiento. Los griegos asumían que el conocimiento adquirido iba a conducir, de una manera natural, a un cambio de vida, a pesar de que cada uno de nosotros reconocemos que conocemos más de lo que aplicamos. Los hebreos, por el contrario, comprendían que la verdad tiene que ser evidenciada en la vida del aprendiz antes de reconocer que la ha aprendido. Por tanto, mientras que la perspectiva helenística se enfocaba en la adquisición de conocimiento, la perspectiva hebrea se enfocaba en la evidencia de la transformación. De acuerdo a la perspectiva bíblica, el verdadero aprendizaje es transformador.

---

2. William Barclay, *Educational Ideals in the Ancient World* (Grand Rapids: Baker, 1959), 16.
3. Barkley, *Educational Ideals*, 44.

El contexto de la educación era la familia y la vida comunitaria

En el antiguo Israel, los principales responsables de la educación de los hijos eran los padres. La escuela de la sinagoga no se conocía en Israel antes del Exilio, por tanto, la educación tenía lugar dentro del contexto del hogar y la vida diaria. Moisés le ordena lo siguiente al padre de familia: «Grábate en el corazón estas palabras que hoy te mando. Incúlcaselas continuamente a tus hijos. Háblales de ellas cuando estés en tu casa y cuando vayas por el camino, cuando te acuestes y cuando te levantes» (Deuteronomio 6:6-7; cf. 11:19). Más adelante, describe un contexto en el que los hijos preguntan acerca del significado de su estilo de vida y los padres les cuentan acerca de la liberación del pueblo de la mano de Dios y de la ordenanza de la ley (Deuteronomio 6:20-25). Debido a que la educación tenía lugar dentro del contexto del hogar y la vida diaria, la adquisición de conocimiento como un mero logro académico era desconocida. El aprendizaje tenía como objetivo la obediencia a la ley y la transformación del carácter.

A pesar de que esta era la intención, los antiguos hebreos no estaban exentos de los fallos humanos. No siempre obedecían la ley y no todas las vidas eran transformadas. Como era de esperar, Dios reprende a Israel por su terquedad y los exhorta a temerlo, a andar en sus caminos, a amarlo, a servirlo con todo su corazón y a guardar sus mandamientos (Deuteronomio 10:12-16). El hijo necio, el hijo que despreciaba la ley en vez de permitir que transformara su vida, era causa de dolor para sus padres (Proverbios 10:1; 17:25). De la misma manera, Dios se entristecía cuando su pueblo se negaba a obedecerlo (Ezequiel 18:30-32).

La familia era el contexto principal de la educación en el antiguo Israel, pero no era el único contexto donde se desarrollaba el proceso de enseñanza aprendizaje. En contraste con su contexto contemporáneo de instrucción mutua, Jeremías profetiza un reino futuro en el que «ya no tendrá nadie que enseñar a su prójimo, ni dirá nadie a su hermano: "¡Conoce al Señor!", porque todos, desde el más pequeño hasta el más grande, me conocerán» (Jeremías 31:34). La instrucción moral era un objetivo común que tenía lugar en la comunidad.

La responsabilidad principal del sacerdote hebreo era encargarse del ritual del templo y ofrecer sacrificios, pero tenía también una responsabilidad educacional. Después que Dios juzgó a Nadab y Abiú, los hijos de Aarón, por profanar el sacrificio, Dios le dijo a Aarón: «que puedan distinguir entre lo santo y lo profano, y entre lo puro y lo impuro, y puedan también enseñar a los israelitas todos los estatutos que el Señor les ha dado a conocer por medio de Moisés» (Levítico 10:10-11). A lo largo de todo el Antiguo Testamento, encontramos otras referencias que indican que los sacerdotes tenían la responsabilidad de la enseñanza (ver 2 Reyes 17:27-28; 2 Crónicas 15:3; Esdras 7:10; Ezequiel 44:23; Miqueas 3:11). Dios desea el bien y la justicia, la salud y la prosperidad (es decir, *shalom*) para su pueblo y el medio para lograr eso es el conocimiento de su ley, en medio de la comunidad, enseñada por Dios mismo, pero también por los padres, los vecinos y los sacerdotes. A medida que la ley de Dios se integra en la vida, la vida se transforma.

Jesús modeló una enseñanza transformacional

La vida transformada era la intención de Dios, pero Israel era un pueblo duro. (¡Como todos nosotros!) La transformación de acuerdo al carácter de Dios demanda que rindamos nuestro egocentrismo y nuestro afán de control. Durante el Exilio, Israel por fin aprendió lo necio que era seguir a otros dioses, pero siguieron sin estar listos para rendirse al propósito y al deseo de Dios. En vez de permitir que la ley de Dios los transformara a su imagen, domesticaron la ley, reduciéndola a un catálogo de acciones que debían ser observadas o evitadas. Luego le «dieron vueltas» a la ley, interpretaciones y más regulaciones —una ley oral— para advertir sobre la violación de la ley escrita y revelada. Alrededor del año 200 A.D., el Rabí Judá el Príncipe codificó esta ley oral en 248 mandamientos positivos y 365 negativos, que se conocen como el Misná. Mediante la observación de estos 613 mandamientos, la persona podía estar satisfecha y decir que «guardaba» la ley, aunque su poder transformador ni siquiera la tocaba.

El objetivo de Jesús era la transformación de la vida mediante una relación con Dios

Jesús condenó este abuso de la ley de Dios que se enfocaba en la repetición y en la observación legalista en vez de en la transformación de la vida. Cuando los fariseos, la secta más estricta de su época, le preguntaron por qué sus discípulos no observaban la ley oral, Jesús sacó a relucir su hipocresía. Les dijo: «sus enseñanzas no son más que reglas humanas. Ustedes han desechado los mandamientos divinos y se aferran a las tradiciones humanas. Y añadió: —¡Qué buena manera tienen ustedes de dejar a un lado los mandamientos de Dios para mantener sus propias tradiciones!» (Marcos 7:6-9). ¿Habían desechado los mandamientos divinos? ¡Su intención no era desechar los mandamientos divinos, sino asegurarse de cumplirlos! Sin embargo, al domesticar la ley, reduciéndola a algo que pudieran llevar a cabo de manera superficial, le quitaron su poder transformador.

En otra ocasión, después de que los expertos legales evaluaran a Jesús sobre algunos puntos de la ley, Jesús les señaló su hipocresía (Mateo 22:15-40). Como resultado de su legalismo, declaró que un prosélito era «dos veces más merecedor del infierno» que los mismos fariseos (Mateo 23:13-15). Eran ciegos guías de ciegos, cuyas interpretaciones de la ley eran incapaces de discernir que solo Dios es santo y que su presencia es lo que hace santo el templo, el sacrificio y todo lo asociado con él (Mateo 23:16-22). En su obsesión con la precisión técnica, se enfocaban en las minucias e ignoraban las cosas profundas y transformadoras de la vida (Mateo 23:23-24). Prestaban atención a lo externo, lo que resultaba aparente para las otras personas, y toleraban el robo y la injusticia (Mateo 23:25-26). Eran muy estrictos con la religión, pero su distorsión legalista de la ley los condenaba, anulando su propósito transformador (Mateo 23:29-36).

No era la ley de Dios lo que Jesús estaba objetando; de hecho, Jesús afirmó hasta los detalles más pequeños de la ley y afirmó que había venido para cumplir la ley (Mateo 5:17-18). Celebraba el apego estricto a la ley de Dios, pero resaltó que su intención debía ir más allá de la observación legalista y perseguir la transformación de la vida (Mateo 5:19-20). Con seis ejemplos específicos (Mateo 5:21-48), Jesús resaltó la intención transformacional de la ley de Dios.

Otros líderes religiosos en Israel tenían discípulos, pero el llamado de Jesús al discipulado era diferente. Llamó a sus discípulos para que estuvieran con Él (Marcos 3:14). Observaban su vida privada y su ministerio público (Marcos 3:20-6:6) y luego los envió para que hicieran lo mismo que Él había hecho (Marcos 6:7-13). En vez de domesticar la ley, Jesús señaló el costo de la obediencia transformacional (Lucas 9:57-62). También modeló la implicación de ese costo, al aceptar el rechazo y la crucifixión.

Los métodos de enseñanza de Jesús eran transformadores

A lo largo de los años de ministerio, Jesús fue reconocido como un maestro. Es la forma más común en que se lo conocía. No obstante, el enfoque de Jesús con respecto a la enseñanza era diferente al de los otros maestros religiosos, para asombro de todos los que lo escuchaban (Marcos 1:22). Su enseñanza, cuando era recibida y obedecida, tenía un poder transformador (ver Lucas 19:1–10).

Jesús empleó métodos de enseñanza que eran transformadores. Captaba la atención de los que lo escuchaban usando el contexto de la vida diaria y empleando situaciones que les resultaban familiares a sus contemporáneos. «Un sembrador salió a sembrar» (Mateo 13:3). Debido a que vivían en una sociedad agraria, todos los judíos del primer siglo habían observado esa situación muchas veces. «Dos hombres subieron al templo a orar» (Lucas 18:10). Jesús iba camino a Jerusalén cuando contó esa historia. Los que viajaban con Él, de hecho, habían entrado muchas veces al templo para orar. De inmediato se identificaron con la escena que Jesús describió.

Jesús también usó eventos espontáneos como ocasiones para enseñar lecciones espirituales. «Un sábado Jesús estaba enseñando en una de las sinagogas, y estaba allí una mujer que por causa de un demonio llevaba dieciocho años enferma» (Lucas 13:10–11). Jesús aprovechó la oportunidad para enseñar sobre qué era más importante: guardar la ley o tener misericordia de los que sufren (cf. Marcos 3:1–6). Un lago tempestuoso provee el contexto para una lección sobre la fe (Marcos 4:35–41). Jesús aprovechó la incapacidad de sus discípulos de liberar a un niño epiléptico de la opresión demoniaca para enseñar el poder de la oración (Marcos 9:14–20). El debate de los discípulos sobre cuál de ellos era el mayor brindó la oportunidad para una lección sobre la humildad (Marcos 9:33–37). La opción de un hombre rico de abandonar el discipulado proveyó el contexto para una lección acerca del engaño de las riquezas (Marcos 10:17–27). Una pregunta sobre los impuestos, diseñada para atraparlo, le brindó la oportunidad para enseñar acerca del discernimiento con respecto a las obligaciones (Marcos 12:13–17). En todas estas situaciones (y muchas más), los que escuchaban a Jesús de inmediato se interesaban en lo que estaba diciendo porque ellos mismos eran parte del contexto. La enseñanza de Jesús no estaba separada de la vida.

Jesús también captó la atención de los que lo escuchaban mediante el uso de las historias. Las parábolas, el método de enseñanza más común que Jesús utilizó, eran historias con lecciones espirituales implícitas. Reconocer la verdad espiritual que se escondía en las parábolas de Jesús requería esfuerzo por parte de los que lo escuchaban. Muchos no invertían el esfuerzo necesario. Para ellos, las parábolas de Jesús eran, simplemente, historias carentes de significado. Otros, no obstante, reconocían las verdades que enseñaba y se beneficiaban espiritualmente (ver Mateo 13:10-17; 34-35). Un principio educacional básico reconoce que el aprendizaje transformador tiene lugar solo cuando los aprendices están involucrados. El uso frecuente de las historias por parte de Jesús y, en particular, de historias con un significado escondido, era una forma efectiva de involucrar a los que lo escuchaban y de enseñarles las verdades que necesitaban escuchar.

Jesús era un maestro en el uso de las preguntas inquisitivas. Zuck lista 225 preguntas únicas que Jesús hizo y que se encuentran en los cuatro evangelios.[4] Muchas de las preguntas de Jesús eran preguntas abiertas; la respuesta dependía de aquel al que le estaba haciendo la pregunta. «Si ustedes aman solamente a quienes los aman, ¿qué recompensa recibirán?» (Mateo 5:46; Lucas 6:32). «¿Por qué dudaste?» (Mateo 14:31). «¿Qué quieren que haga por ustedes?» (Mateo 20:32; Marcos 10:51; Lucas 18:41). «¿Qué vienen discutiendo por el camino?» (Lucas 24:17). Las preguntas de Jesús forzaban a las personas a pensar, sacaban a la luz cosas que daban por sentado, señalaban verdades que nadie decía. Como afirmó Horne: «[Jesús] no vino a responder preguntas, sino a hacerlas; no vino a aquietar las almas de los hombres, sino a provocarlos; no vino a salvar a los hombres de los problemas, sino a salvarlos de la indolencia; no vino a hacer la vida más fácil, sino más educativa».[5] Podríamos añadir que no vino a llenar sus mentes, sino a transformar sus vidas.

La enseñanza de Jesús también se basa en declaraciones provocativas que invitan a la reflexión. «Cuelan el mosquito, pero se tragan el camello», les dijo a los fariseos (Mateo 23:24). En otra ocasión afirmó: «Muchos de los primeros serán últimos, y muchos de los últimos serán primeros» (Mateo 19:30), y al hacerlo indicó que la ética del Reino invierte los valores de la era actual. Les dijo a sus discípulos: «El que quiera hacerse grande entre ustedes deberá ser su servidor, y el que quiera ser el primero deberá ser esclavo de los demás» (Mateo

---

4. Roy B. Zuck, *Teaching as Jesus Taught* (Grand Rapids: Baker, 1995), 258-276.
5. Herman Horne, *Jesus the Teacher* (Grand Rapids: Kregel, 1998), 55.

20:26-27). ¿Qué significa eso? Y advierte: «El que a sí mismo se enaltece será humillado, y el que se humilla será enaltecido» (Mateo 23:12). Hum.

Jesús también incluyó muchos aforismos en sus enseñanzas, porciones de sabiduría que tienen una amplia aplicación y que, por tanto, son útiles para recordarles a los que escuchan acerca del objetivo de su enseñanza. «No se angustien por el mañana, el cual tendrá sus propios afanes. Cada día tiene ya sus problemas» (Mateo 6:34). ¿Quién podría olvidar: «Porque donde esté tu tesoro, allí estará también tu corazón» (Mateo 6:21)? Jesús vinculó de manera dramática su discurso a la condición moral de la persona cuando resaltó: «De la abundancia del corazón habla la boca» (Mateo 12:34). ¡Ay! Y: «Los que a hierro matan, a hierro mueren» (Mateo 26:52). Jesús hizo declaraciones tan memorables porque quería que los que lo escuchaban reflexionaran en el significado de sus palabras para sus vidas. Jesús tenía la clara intención de impactar la vida de los que lo escuchaban.

Jesús modeló la vida transformada

En el capítulo cinco, exploraremos la importancia crucial del maestro como un modelo; Jesús entendía este principio y lo aplicaba con efectividad.

Jesús enseñó a sus seguidores a confiar en Dios pero también modeló una vida de fe. Cuando la tormenta estaba arreciando y los discípulos empezaron a temer que se ahogarían en el mar, Jesús los amonestó por su falta de fe y, ¡por fe!, calmó la tormenta (Mateo 8:23-26). Cuando los discípulos se asombraron de que un árbol se hubiera secado de la noche a la mañana, Jesús respondió: «—Les aseguro que, si tienen fe y no dudan —les respondió Jesús—, no solo harán lo que he hecho con la higuera, sino que podrán decirle a este monte: "¡Quítate de ahí y tírate al mar!", y así se hará» (Mateo 21:21). Jesús nunca dijo: «La razón por la que no pueden hacer las cosas que yo hago es porque ustedes no son Dios, como yo». Más bien dijo: «Ciertamente les aseguro que el que cree en mí las obras que yo hago también él las hará, y aun las hará mayores, porque yo vuelvo al Padre» (Juan 14:12).

Jesús también modeló una vida de oración. Una y otra vez, a lo largo de su ministerio, se retiró para tener tiempos de oración (Marcos 1:35; Mateo 14:23; Lucas 5:15-16). Antes de escoger a los doce discípulos, pasó la noche en oración (Lucas 6:12-16). La transfiguración de Jesús tuvo lugar en lo que comenzó como un retiro de oración con sus tres amigos más cercanos

(Lucas 9:28-29). Cuando los discípulos le preguntaron a Jesús por qué no habían podido sanar a un niño epiléptico, Jesús les dijo que la oración era el único recurso efectivo (Marcos 9:28-29). Mientras esperaba su muerte por crucifixión, Jesús decidió pasar sus últimas horas en oración (Mateo 26:36-39). Debido a que observaron la vida de oración de Jesús, los discípulos le pidieron que los enseñara a orar (Lucas 11:1).

Jesús modeló la humildad y el servicio. Amonestó a sus discípulos por su interés en la grandeza y les advirtió que la búsqueda de prominencia es inconsistente con la ética de su Reino (Mateo 20:25-27). Pero, además, les hizo entender su mensaje señalándoles su propio ejemplo de servicio (Mateo 20:28). En la noche antes de su muerte, Jesús modeló la humildad y el servicio cuando les lavó los pies a sus discípulos (Juan 13:2-11). No obstante, en caso de que no captaran el significado de su ejemplo, les encargó que hicieran como Él había hecho (Juan 13:12-17).

A lo largo de su ministerio, Jesús modeló la compasión y el amor altruista. Cuando Jesús vio a las multitudes, «tuvo compasión de ellas, porque estaban agobiadas y desamparadas, como ovejas sin pastor» (Mateo 9:36). La compasión movió a Jesús a sanar a los enfermos (Mateo 14:14), a dar comida a los hambrientos (Mateo 15:32), a abrir los ojos de los ciegos (Mateo 20:34[6]), a sanar a un leproso (Marcos 1:41-42), y a resucitar a los muertos (Lucas 7:13-15). Jesús estaba profundamente conmovido por el dolor de Marta y María y lloró en la tumba de Lázaro (Juan 11:33-35). Más tarde, lloró cuando pensó en el juicio de Dios sobre Jerusalén, el centro de las actividades religiosas de Israel (Mateo 23:37-39). La compasión de Jesús nacía de su amor por las personas. Se nos dice específicamente que Jesús miró con amor al joven rico (Marcos 10:21), que amó a Marta, a María y a Lázaro (Juan 11:5), que Juan era «el discípulo a quien amaba Jesús» (Juan 19:26), y que amó sin condiciones y hasta el fin[7] «a los suyos», aquellos que se identificaban con Él (Juan 13:1). Cuando Juan reflexionó sobre la vida y la muerte de Jesús, entonces llegó a entender la esencia del amor divino. Juan reconoció profundamente la extensión del amor

---

6. La palabra que se traduce como «misericordia» en la traducción estándar es la que en otras versiones se traduce como «compasión». También en Marcos 1:41.

7. Este es el significado más probable de la expresión que se traduce en la versión estándar como: «los amó hasta el fin».

de Jesús: «En esto conocemos lo que es el amor: en que Jesucristo entregó su vida por nosotros. Así también nosotros debemos entregar la vida por nuestros hermanos» (1 Juan 3:16). De hecho, Jesús dijo que el amor que había modelado sería la característica distintiva de sus discípulos (Juan 13:34-35).

Jesús tuvo que enfrentar la misma vida que nosotros, pero modeló una vida de santidad (Hebreos 4:15). Cuando lo atacaron los fariseos, los guardianes de la justicia en su época, Jesús los desafió a que le señalaran un pecado y no pudieron (Juan 8:46). Los discípulos que vivieron con Él durante tres años y que fueron los más cercanos a Él testificaron que nunca pecó. Pedro escribió: «Él no cometió ningún pecado, ni hubo engaño en su boca» (1 Pedro 2:22). Juan también testificó: «Pero ustedes saben que Jesucristo se manifestó para quitar nuestros pecados. Y él no tiene pecado» (1 Juan 3:5). Pablo, bajo la inspiración del Espíritu Santo, escribió: «Al que no cometió pecado alguno, por nosotros Dios lo trató como pecador, para que en él recibiéramos la justicia de Dios» (2 Corintios 5:21). Debido a que Jesús vivió una vida santa, podía recordarnos que el estándar de Dios es la perfección (Mateo 5:48). Pedro también destaca que el estándar de Dios para nosotros es su propia santidad (1 Pedro 1:16) y nos señala a Jesús, «un cordero sin mancha y sin defecto» (1 Pedro 1:19) como nuestro redentor.

Por último, Jesús modeló la prioridad del Reino y la obediencia intencional. Con mucha frecuencia, la vida en el siglo veintiuno parece caótica y frenética. Las distracciones abundan. Jesús no estaba distraído. Desde el principio de su ministerio hasta el final, proclamó que el Reino de Dios estaba a las puertas (Marcos 1:14-15; 14:25). Reconoció la proclamación del Reino de Dios como el propósito de su vida y de su ministerio (Lucas 4:43) y urgió a aquellos que querían seguir su ejemplo a buscar el Reino de Dios como su principal prioridad (Lucas 9:59-62). Jesús conocía su misión y se enfocaba en ella, y las amenazas y los peligros no lo desanimaban (Lucas 13:31-33). Cuando su ministerio terrenal estaba llegando a su fin, «se dirigía a Jerusalén» (Lucas 9:53), no desistiría de su misión redentora. Su demostración de obediencia intencional y de la prioridad del Reino fue tan convincente que sus discípulos decidieron que, de ser necesario, morirían con Él (Juan 11:16).

Cuando examinamos el método de Jesús el maestro, vemos que la modelación estaba en el centro del ministerio de Jesús. Él era Dios encarnado; la revelación perfecta del Padre porque Él y el Padre eran uno solo (Juan 1:14).

Haberlo visto a Él era haber visto al Padre (Juan 14:9). Mientras enseñaba la verdad sobre Dios y sobre nuestra condición humana, también modelaba las verdades que enseñaba. Nos mostró lo que significa vivir una vida de fe, oración, humildad y servicio. Demostró el significado del amor desinteresado, no solo en su muerte en la cruz sino en sus muchos actos de compasión hacia los que sufrían, los oprimidos y los perdidos. También probó que es posible vivir una vida de santidad y que la obediencia intencional a Dios y el darle prioridad a su Reino es el camino a la sumisión y a la posición de hijos.

A lo largo de toda la Escritura y, de manera específica, en la vida y el ministerio de Jesús, vemos que la intención de Dios es que seamos transformados por su verdad. La verdad, cuando se integra en la vida, tiene un poder transformador. La transformación de la vida era la intención de Dios cuando le dio la ley a Moisés y fue el método y el mensaje de Jesús.

A pesar de que la educación seminarista ha reflejado, con mucha frecuencia, una búsqueda helenística de información y una obsesión farisaica con el detalle, podemos y debemos redirigir la educación ministerial hacia la obediencia a la verdad, enseñada y modelada. Afortunadamente, los mejores educadores también tienen principios reconocidos que señalan en la misma dirección.

3

Enseñar para transformar: la ciencia del aprendizaje

La educación ministerial transformacional se basa en una comprensión de los principios que sustentan el proceso de enseñanza-aprendizaje. Durante los últimos cien años, la comprensión de ese proceso ha aumentado de manera significativa, gracias al trabajo de los investigadores y los teóricos que se enfocan en diversos aspectos de la ciencia del aprendizaje. Esta investigación y el desarrollo consecuente de la teoría del aprendizaje han proporcionado conocimientos que los profesores pueden usar para facilitar el aprendizaje. Una comprensión básica de la ciencia del aprendizaje y de los métodos de enseñanza capacita a los educadores para poder diseñar experiencias de aprendizaje más efectivas y transformadoras. Este capítulo ofrece una breve información acerca de las investigaciones y las teorías que contribuyen a la educación ministerial transformacional.

Piaget: El desequilibrio como la puerta del aprendizaje

Jean Piaget, un psicólogo suizo, ha sido reconocido por sus investigaciones acerca del desarrollo cognitivo de los niños. Piaget concluyó que los aprendices humanos son agentes activos que crean una comprensión del mundo que los rodea, en vez de creer que somos agentes pasivos cuyas respuestas a los estímulos ambientales dan forma a nuestras acciones, como afirma la psicología conductual.¹ Piaget afirmó que, desde su nacimiento, los niños construyen modelos mentales de su mundo. Los bloques básicos de estos modelos (Piaget los llamó *esquema psíquico*) toman en cuenta los objetos (persistentes y en movimiento) y los eventos recurrentes, es decir, los patrones que tienen que ver con el espacio, el tiempo, la materia y el movimiento. Estos modelos mentales proveen el marco para contemplar cualquier curso de acción; son la base para la previsión, el pensamiento y la planificación.

Piaget observó que, a medida que los niños se desarrollan, se convierten en agentes de su propio desarrollo cognitivo. Obtienen y organizan las experiencias de aprendizaje con el objetivo de expandir su modelo mental y ganan una comprensión más completa del mundo en que viven.² Estas experiencias son la «clave» para la formación de su *esquema*. El proceso de aprendizaje y crecimiento más persistente y fundamental es la *asimilación*. La asimilación significa absorber, organizar e integrar en un *esquema* existente las nuevas experiencias y la información sobre las actividades que las producen. Muchas situaciones u objetos se resisten a los patrones de actividad que un niño trata de llevar a cabo. Como respuesta, el niño puede intentar una actividad alternativa. Tal vez te acuerdas de los rompecabezas que trataste de armar cuando eras niño. Puede que un niño trate de meter una pieza cuadrada en un espacio circular, y que siga intentándolo hasta que se dé cuenta de que el objeto y el espacio no concuerdan. El proceso mental de modificar un esquema existente para incluir un conocimiento que no se adecua a ningún modelo mental existente se denomina *acomodamiento*. A medida que el acomodamiento modifica un esquema existente y crea un esquema nuevo, los niños son capaces de asimilar las informaciones nuevas y obtener una comprensión más exhaustiva del mundo en que viven. El crecimiento y el desarrollo cognitivo tienen lugar a medida que los procesos duales de *asimilación* y *acomodamiento* conducen a una *adaptación* cada vez más exitosa al mundo exterior del niño.

---

1. Los principales psicólogos conductuales incluyen a Ivan Pavlov, Edward Thorndike y B.F. Skinner.
2. Por ejemplo, los bebés siguen objetos con la vista, voltean la cabeza, exploran con las manos y la boca, aprietan, halan, empujan o exploran conjunta y alternadamente con los ojos y las manos. Un niño repetirá una actividad que lo conduce a una experiencia interesante y seguirá avanzando a partir de ella o regresará a esta una y otra vez.

Piaget notó que el crecimiento y el desarrollo cognitivo no ocurren de una manera regular a lo largo del tiempo sino que tienen lugar de manera irregular, con paradas y comienzos significativos. Describió un estado de *equilibrio* en el cual el esquema existente de un individuo procesa la mayoría de la información nueva a través de la *asimilación*. Sin embargo, cuando las nuevas experiencias o informaciones no pueden, de manera razonable, encajar en un esquema existente, tiene lugar un estado incómodo de *desequilibrio*. Debido a que los seres humanos (los niños, los adolescentes y los adultos) son intolerantes a la frustración mental que causa el *desequilibrio*, buscan un nuevo estado de equilibrio modificando un esquema existente para incorporar la nueva información, es decir, mediante el *acomodamiento*. El nuevo esquema persistirá hasta que, una vez más, la experiencia conduzca al *desequilibro*.

El *desequilibrio* y, específicamente, la creación de un desequilibrio como un contexto de aprendizaje, puede ser una poderosa herramienta de enseñanza-aprendizaje. La tensión mental o la desorientación cognitiva tienen lugar cuando hay una discrepancia o una falta de correspondencia entre lo que las personas creen y lo que se les presenta. Jesús a menudo creaba o aprovechaba esta tensión para ayudar a sus discípulos a verlo como realmente era, a ver el Reino como realmente es, y a ver las situaciones de la vida a través de los «ojos del Reino». El Sermón del Monte (Mateo 5-7) ilustra la forma en que Jesús creó un desequilibrio contradiciendo las enseñanzas que se daban por sentadas en su época. Al usar las frases «oísteis que fue dicho» y «pero yo os digo» Jesús desafió a los que lo escuchaban a reconsiderar y a modificar su comprensión acerca de la verdad de Dios. Los que lo escuchaban eran incapaces de *asimilar* sus enseñanzas dentro de su comprensión de la ley de Dios. Cuando escuchaban: « no van a entrar en el reino de los cielos a menos que su justicia supere a la de los fariseos y de los maestros de la ley» (Mateo 5:20), aquellos que seguían a Jesús experimentaban un desequilibrio y se veían en la necesidad de volver a pensar, es decir, de *acomodar*, su concepto de justicia.[3]

---

3. Para otros ejemplos del uso que Jesús hizo del desequilibrio vea las Parábolas del Reino (Mateo 13), el Discurso del Pan de Vida (Juan 6), el Discurso del Monte de los Olivos (Mateo 24-25), y el Discurso del Aposento Alto (Juan 13-17).

Freire y Vella: Diálogo entre la educación y el empoderamiento

El diálogo en educación implica una conversación y una comunicación continuas entre el maestro y los alumnos. Involucra más que el debate ocasional que provoca una pregunta que lanza el profesor para motivar el interés de los estudiantes. El profesor emplea un diálogo continuo para obtener una mejor comprensión de las perspectivas actuales, las ideas y las posibles interpretaciones erróneas de un tema. Los aprendices también tienen una oportunidad de investigar y mejorar su comprensión mientras aprenden a usar el lenguaje para incrementar el conocimiento existente. Aunque la enseñanza a través del diálogo data de la época de Sócrates, el interés en este enfoque revivió en los años setenta. Dos educadores que han contribuido de manera significativa a la teoría y a la práctica de la educación a través del diálogo son Paulo Freire y Jane Vella.

Paulo Freire

Freire fue un educador brasileño que ha influido de manera significativa en el pensamiento y la práctica educacional. Freire[4] creía que todo el mundo, sin importar cuán «ignorante» o falto de educación fuera, a través del diálogo con otros, podía aprender a interpretar, entender, involucrarse, y luego, a transformar su mundo. Su concepto de educación estaba edificado en la creencia en la centralidad y la necesidad del diálogo para la transformación mediante la educación. Desarrolló este enfoque (una «pedagogía del oprimido») con el objetivo de «liberar» a aquellos que eran pobres, a menudo analfabetos, e incapaces de cambiar sus circunstancias (los «oprimidos»). El objetivo del proceso dialógico era que los aprendices se «descubrieran» a sí mismos como personas. Es decir, que adquirieran una conciencia existencial de su habilidad para impactar su contexto de manera significativa y de que entendieran su papel en ese proceso. Freire llamó al desarrollo de ese mundo y a la conciencia de uno mismo «concientización».

Freire no creía que la concientización pudiera lograrse a través de modelos existentes de educación formal porque, en su opinión, el diálogo auténtico tenía que ser igualitario. Los maestros y los alumnos tienen que verse a sí

---

4. Ver Paulo Freire, *Pedagogy of the Oppressed* (New York: Seabury, 1970).

mismos como iguales y trabajar juntos en un espíritu de respeto mutuo. Los maestros no pueden dialogar desde una perspectiva de poder o superioridad claramente percibida. En los enfoques tradicionales sobre la educación, afirmaba Freire, la institución educacional es un depósito de conocimientos que los estudiantes deben adquirir. Los maestros, como propietarios de ese conocimiento, «depositan» información en los alumnos y tienen el derecho de «retirar» ese conocimiento cuando sea necesario. Este enfoque «bancario» sobre la educación no conduce a los alumnos a la reflexión crítica necesaria para llegar al verdadero conocimiento, a la conciencia de su personalidad, o a la capacidad de cambiar su mundo.

Para Freire, el aprendizaje no termina simplemente con una comprensión mejorada y una conciencia de sí mismo. El conocimiento adquirido y los valores desarrollados deben conducir a una acción informada, o «praxis», que tiene el potencial de transformar las circunstancias de los alumnos. Debido a que creía que la educación formal tradicional no podía conducir y no llevaría a la concientización, Freire diseñó un enfoque de educación no formal con respecto a la enseñanza. Enfatizó que el diálogo es esencial para que los facilitadores entiendan el contexto de los alumnos y que solamente el diálogo igualitario puede empoderar a los alumnos para que descubran su capacidad de entender y cambiar su mundo.

Jane Vella

Vella fue a Tanzania en 1956, como una católica de la Congregación de Hermanas de Maryknoll, y pasó los siguientes veinticinco años de su vida facilitando la alfabetización adulta y la educación comunitaria en Tanzania y a nivel internacional. Vella conoció a Freire y recibió una fuerte influencia de su concepto de la educación como un diálogo. Durante sus años en Tanzania, Vella «operacionalizó» la teoría de Freire, desarrollando un enfoque práctico que denominó la «educación dialógica». Mientras que el estilo de Freire a menudo es opaco, Vella ofrece principios y métodos claramente explicados para aplicar las teorías de Freire.[5] Esta es la mayor contribución de Vella a la educación

---

5. Ver Jane Vella, *Learning to Listen, Learning to Teach*, edición revisada (San Francisco: Jossey-Bass, 2002), en la que Vella identifica e ilustra doce principios que guían la «educación dialógica». Para una comprensión más exhaustiva del pensamiento de Vella, ver *On Teaching and Learning* (San Francisco: Jossey-Bass, 2008).

de adultos. Dos áreas específicas en las que provee una guía práctica son su énfasis en las «tareas de aprendizaje» y «los ocho pasos de la planificación».

Vella afirma que la educación debe enfocarse en «tareas de aprendizaje» (lo que hacen los alumnos) en vez de en «tareas de enseñanza» (lo que hacen los maestros) o en «objetivos de aprendizaje» (lo que los maestros esperan que los alumnos sean capaces de hacer). En las tareas de enseñanza, solo el maestro es un participante activo, que presenta lo que se debe aprender. La tarea del aprendiz pasivo es escuchar y retener lo que se le presenta. Los «objetivos de aprendizaje» son solo una forma más sofisticada de las «tareas de enseñanza», pues el aprendizaje del estudiante no se demuestra. Una «tarea de aprendizaje», por el contrario, es «una pregunta abierta que se le formula a los aprendices que tienen todos los recursos necesarios para responderla».[6] Siempre que las tareas de aprendizaje sean igualitarias, tanto el conocimiento de los alumnos como el de los maestros es relevante para cumplir la tarea. Los estudiantes aportan el conocimiento adquirido en experiencias pasadas y el conocimiento de su contexto actual. El maestro también aporta el conocimiento de experiencias pasadas pero también aporta su conocimiento sobre el tema, su contexto filosófico e implicaciones prácticas. Ya sea que la intención sea proporcionar nuevas informaciones o estimular a los alumnos para que relacionen el conocimiento con las situaciones de la vida, una tarea de aprendizaje debe asegurar que los alumnos se involucren de manera activa y sean capaces de tener acceso y utilizar todos los recursos necesarios para el aprendizaje.

Una segunda área en la que Vella ofrece una guía práctica son sus «ocho pasos de la planificación».[7] Los pasos se presentan como ocho preguntas:

1. ¿Quién? —participantes, líderes, el número de participantes
2. ¿Por qué? —la motivación de los participantes para aprender
3. ¿Cuándo? —el marco de tiempo; cuándo y durante cuánto tiempo

---

6. Jane Vella, *Taking Learning to Task* (San Francisco: Jossey-Bass, 2001), 9.
7. Vella identificó originalmente «siete pasos de la planificación» (Vella, *Taking Learning to Task*, 24–25). Recientemente, *Global Learning Partners* los ha extendido a ocho. Para el proceso de ocho pasos, ver: "The 8 Steps of Design," Global Learning Partners, consultado 21 septiembre 2017, http://www.globallearningpartners.com/about/about-dialogue-education/the-8-steps-of-design. Nos hemos tomado la libertad de colocar el paso adicional más adelante en la secuencia de lo que se encuentra en la revisión de *Global Learning Partners*. Creemos que esto es coherente con la intención original de Vella.

4. ¿Dónde? —el lugar físico, incluyendo los recursos disponibles
5. ¿Y luego qué? —el cambio que se anticipa
6. ¿Qué? —el contenido: las habilidades, el conocimiento, las actitudes
7. ¿Para qué? —objetivos basados en logros
8. ¿Cómo? —recursos y tareas de aprendizaje

El orden de estos pasos es significativo; en la educación dialógica es necesario responder las primeras cuatro preguntas antes de determinar el contenido a enseñar. Esto contradice la práctica común de la mayoría de la educación formal. Cuando a un docente se le asigna una clase, la mayoría de los profesores tratan de responder de inmediato la pregunta «¿Qué?», es decir, ¿Qué voy a enseñar? ¿Qué contenido voy a cubrir? Los «ocho pasos de la planificación» de Vella alertan a los profesores que hay preguntas que deben responderse antes que estas y que el hecho de dejarlas sin respuesta puede conducir a decisiones inapropiadas con respecto al contenido.

El Quinto paso: «¿Y luego qué?» reconoce que los docentes traen consigo sus propios valores e intenciones, a menudo restringidos por objetivos curriculares obligatorios y valores institucionales, al evento de enseñanza-aprendizaje. Los objetivos del profesor se moldean de acuerdo a la información que posee sobre los aprendices (Pasos 1–4) a la hora de determinar el contenido del curso o la lección. Históricamente, a los profesores se les indica que deben comenzar dejando claros sus objetivos de enseñanza. Vella nos alerta que la información sobre nuestros alumnos debe conformar nuestros objetivos de instrucción. Ambas cosas, la información sobre los alumnos y el reconocimiento adecuado de nuestros objetivos de instrucción, guían la selección del contenido a enseñar, el «¿Qué?»

El séptimo paso de Vella, «¿Para qué?», enfatiza que los objetivos de aprendizaje tienen que ser «basados en logros», es decir, que deben dejar claro lo que los alumnos *habrán hecho* para asegurar a otros y a sí mismos que han aprendido. Aquí, una vez más, Vella brinda una expresión práctica al llamado de Freire con respecto al aprendizaje práctico. Históricamente, los objetivos de enseñanza tienen que ver con lo que los profesores harán y los objetivos de aprendizaje describen lo que los alumnos «serán capaces de hacer». Vella afirma que los objetivos de aprendizaje son «nobles», que permiten a los docentes sentir que han hecho su parte cuando enseñan una lección, sin verificar que los alumnos son capaces de aplicar lo que se les ha enseñado.

Los «objetivos basados en logros» consideran el aprendizaje en términos activos. De esa manera, cuando la experiencia de enseñanza-aprendizaje se ha completado, tanto los profesores como los alumnos «saben que saben» porque los alumnos han demostrado su aprendizaje. Los objetivos basados en logros bien elaborados implicarán que se aplique el método de enseñanza-aprendizaje, el «¿Cómo?» de Vella.

Tanto Freire como Vella tienen mucho para contribuir a aquellos involucrados en la educación ministerial. La metáfora de Freire de un enfoque «bancario», tan común en la educación tradicional, provee valiosas reflexiones sobre la incapacidad de este enfoque de llevar a cabo una verdadera trasformación. La educación «bancaria» es un enfoque bastante defectuoso para desarrollar líderes espirituales maduros y competentes para la Iglesia.

Las observaciones de Freire y de Vella con respecto a la naturaleza «opresiva» de los enfoques jerárquicos sobre la enseñanza y el valor y la importancia del respeto mutuo en las relaciones alumno-profesor son dignas de consideración y reflexión bíblica. Si bien la Biblia afirma claramente el papel del maestro, Jesús también dejó clara la postura que los maestros deben asumir. Dijo: «Pero no permitan que a ustedes se les llame "Rabí", porque tienen un solo Maestro y todos ustedes son hermanos. Ni permitan que los llamen "maestro", porque tienen un solo Maestro, el Cristo» (Mateo 23:8, 10). Cuando colocamos la autoridad sobre nosotros mismos o hacemos uso del poder en nuestra relación con los alumnos, violamos el ejemplo y el mandamiento. La inadecuación de la postura jerárquica se manifiesta de manera especial cuando estamos a cargo de los estudiantes adultos que se matriculan en nuestros seminarios, a quienes Dios ha llamado y capacitado.

La denuncia de Freire de los modos de enseñanza «opresivos» y su insistencia en invitar a los alumnos al diálogo podría suscitar preocupaciones innecesarias.[8] Cuando hace esto, Freire no disminuye el papel del maestro.

---

8. En las culturas del mundo occidental, y difundido a nivel internacional a través de la globalización cultural, muchos educadores han acogido una epistemología constructivista que afirma múltiples verdades y niega la necesidad o la posibilidad de comprobar las verdades. Tales conjeturas son problemáticas, tanto filosófica como bíblicamente. Si bien es evidente que el aprendizaje se desarrolla por medio de la experiencia, directa y mediada, nuestra comprensión y nuestras suposiciones con respecto a la verdad pueden y deben comprobarse. Todo el mundo tiene que vivir en el mundo que Dios creó y todo el mundo tiene que rendir cuentas a la verdad teológica y moral que Dios ha revelado. Si construyo un punto de vista del mundo que está en

Tanto en sus escritos como en los de Vella, el proceso de enseñanza-aprendizaje lo encabeza el profesor. Cuando Freire y su equipo entraban en un pueblo ya tenían un objetivo de enseñanza-aprendizaje, la concientización de las personas. Además, no consultaban a las personas con respecto a la conformación de los «temas generativos» o los métodos a utilizarse; esos los determinó el equipo de maestros. Su proceso es dialogal e interactivo pero la responsabilidad por el resultado del proceso de enseñanza-aprendizaje descansaba en el equipo encargado de la enseñanza. Lo mismo es cierto con respecto a Vella. Es el profesor el que trabaja a través de los «Ocho pasos de la planificación» y dirige la interacción del proceso de enseñanza-aprendizaje. El lenguaje, en ocasiones, puede parecer exclusivamente igualitario, pero la realidad nunca disminuye el papel o la responsabilidad del maestro. El llamado a las posturas igualitarias se presenta en contraste con las posturas opresivas típicas de la educación «bancaria», que son comunes en el Brasil postcolonial de Freire y en demasiados planteles de universidades y seminarios en la actualidad.

El énfasis de Freire y de Vella en el papel interactivo de conocer y hacer nunca podrá enfatizarse lo suficiente. La preparación para el ministerio tiene que incluir, por necesidad, la reflexión en el contexto de acción y la acción en el contexto de la reflexión. A pesar de que muchos seminarios y universidades bíblicas se han esforzado para incluir este aspecto del aprendizaje dialogal (al menos de una manera superficial) a través de la educación práctica, muy pocos han incorporado estos elementos de reflexión y acción en el diseño de las lecciones y de los cursos. La capacidad de la educación ministerial para transformar puede incrementarse de manera considerable a medida que aprendemos a identificarnos con nuestros alumnos, a diseñar currículos que

---

contra del mundo que Dios ha creado (por ejemplo, creo que puedo caminar a través de las paredes), me golpearé. De la misma manera, si construyo perspectivas teológicas o morales que van en contra de la revelación de Dios en las Escrituras, tendré que enfrentarlo como mi juez. Es la tendencia de nuestra naturaleza caída de querer escapar del juicio de Dios, de ejercer una autonomía en la que Dios no existe, lo que yace detrás del constructivismo relativista. Algunos que abogan por la educación centrada en el alumno, abrazando este constructivismo relativista, ven a los alumnos como constructores de la verdad que, a su vez, la validan, y no como aprendices de la verdad. Otros que abogan por la educación centrada en el alumno apelan a los principios que evaden esos problemas y están abiertos a la validación crítica. El útil libro de Maryellen Weimer, *Learner-Centered Teaching* (San Francisco: Jossey-Bass, 2002), es un ejemplo de centrarse en el alumno de una manera positiva.

apelan a sus necesidades reales y a motivarlos a través de un diálogo auténtico y respetuoso.

Bloom: una taxonomía de las funciones cognitivas

En 1949, Benjamín Bloom, Director Asociado de la Junta de Exámenes de la Universidad de Chicago, inició un proyecto multiinstitucional diseñado para capacitar a las universidades y a los docentes a compartir las preguntas de los exámenes. A fines de la década del 40, la psicología conductual[9] reinaba en los círculos universitarios y el enfoque de Tyler de los cuatro pasos para el desarrollo curricular[10] era ampliamente aceptado. Ambos asignaban un gran valor a los objetivos de aprendizaje claramente especificados. Este fue el contexto en el que Bloom lanzó su proyecto.

El primer paso que dieron Bloom y sus colegas fue distinguir tres «dominios» del aprendizaje. El «dominio cognitivo» (es decir, el aprendizaje relacionado con el conocimiento y el razonamiento), el «dominio afectivo» (es decir, el aprendizaje relacionado con las emociones y los sentimientos) y el «dominio psicomotor» (es decir, el aprendizaje relacionado con las acciones y las conductas). En 1956, Bloom y sus colegas publicaron *Taxonomía de los objetivos de la educación: Volumen 1, El dominio cognitivo*, seguido ocho años después por el *Volumen 2, El dominio afectivo*.[11] Aunque la taxonomía de Bloom de los procesos cognitivos no facilitó el intercambio de los materiales de exámenes, como se esperaba en un principio, ha recibido una amplia aceptación como un esquema para diseñar y clarificar los objetivos de instrucción.

---

9. Ver B. F. Skinner, *Science and Human Behavior* (New York: Free Press, 1953).

10. Ver Ralph W. Tyler, *Basic Principles of Curriculum and Instruction* (Chicago: University of Chicago Press, 1949).

11. Ambos volúmenes fueron publicados por Longman Publishing Group, Nueva York. El Volumen 2, con la taxonomía de objetivos afectivos que propone, casi nunca se cita y el equipo original no publicó una taxonomía de funciones «psicomotoras». En el 2001, David Krathwohl, un miembro del equipo original, colaboró en una «actualización» que llevó a cabo la universidad de la taxonomía original de las funciones cognitivas. En vez de una simple jerarquía, como en la taxonomía original, la taxonomía revisada es una matriz de cuatro por seis, con cuatro «dimensiones» del conocimiento en el eje vertical y los seis «procesos» cognitivos originales, con nombres nuevos y un orden ligeramente diferente, en el eje horizontal (David R. Krathwohl, "A Revision of Bloom's Taxonomy: An Overview," Theory into Practice 41, no. 4 [Otoño 2002]: 215–218). La jerarquía que se presenta aquí es la original, con los nombres y el orden de la taxonomía revisada.

Los seis procesos cognitivos que se identifican son: Recordar, Comprender, Aplicar, Analizar, Evaluar y Crear. Estas funciones casi siempre se ordenan de manera jerárquica, como se observa en la Figura 3.1.

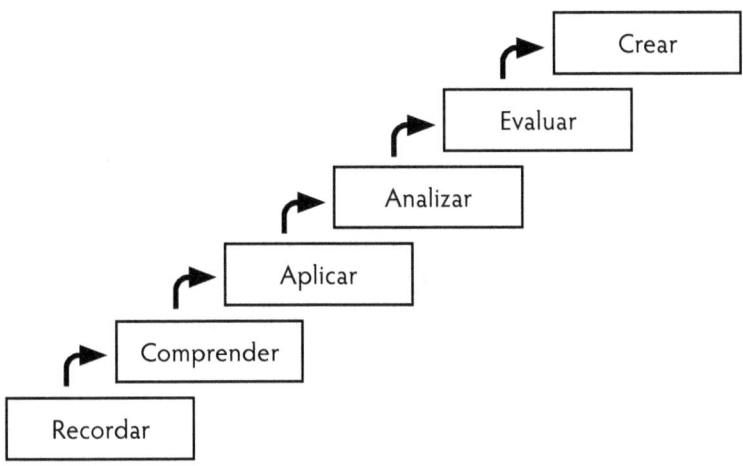

Figura 3.1: La taxonomía de Bloom de los procesos cognitivos

«Recordar» es el más simple de los procesos cognitivos. Uno no manipula el conocimiento en cuestión, simplemente lo saca de la memoria. «Comprender» se refiere al otorgamiento de un significado al conocimiento al que se ha accedido, incluyendo la comunicación de ese significado de manera verbal o gráfica. «Aplicar» se refiere al uso de ese conocimiento dentro de un contexto específico. Estos tres a menudo se denominan como funciones cognitivas «básicas», ya que no requieren razonamiento.

Las funciones cognitivas «superiores» incluyen los tres procesos en la cima de la jerarquía. «Analizar» se refiere a la decodificación del conocimiento recordado para identificar suposiciones y datos, así como a la localización de la información con respecto a otras informaciones, conceptos o esquemas. Aún más exigente resulta «Evaluar» el conocimiento recordado usando criterios y estándares identificables. El proceso cognitivo superior, según la taxonomía de Bloom, es «Crear» (anteriormente denominado «Síntesis»), es decir, la manipulación del conocimiento recordado o la combinación de este con otro conocimiento para producir nuevas perspectivas o reflexiones.

Uno de los beneficios significativos de la taxonomía de Bloom ha sido el reconocimiento por parte de los profesores de que la instrucción y la evaluación a menudo se han dirigido a los procesos cognitivos «básicos». Esto ha estimulado el interés en desarrollar los procesos «superiores» en los estudiantes y en explorar métodos de instrucción que modelen y demanden análisis, evaluación y síntesis creativa. Ya que Dios ha comunicado la verdad de manera verbal y racional, es importante que los seminarios desarrollen las habilidades de pensamiento de orden superior en los candidatos para el ministerio en la iglesia y la comunidad. Los enfoques tradicionales sobre la educación seminarista, con objetivos de instrucción y métodos de enseñanza que se enfocan de manera casi exclusiva en el recuerdo y la reproducción, se quedan cortos a la hora de alcanzar este objetivo. La atención cuidadosa a la taxonomía de Bloom puede resultar a la vez desafiante y útil a medida que buscamos cumplir con nuestra responsabilidad de desarrollar la mente de nuestros estudiantes.

Tecnologías de imágenes del cerebro: la fisiología del aprendizaje

Los desarrollos recientes en las tecnologías de imágenes del cerebro han permitido a los científicos, literalmente, observar el funcionamiento del cerebro.[12] A medida que a los sujetos se les dan diferentes estímulos o tareas, los neurobiólogos pueden localizar con bastante precisión las áreas del cerebro que están más activas durante un estímulo en particular. Esta posibilidad ha contribuido grandemente a nuestro entendimiento del cerebro humano, con un beneficio significativo para los educadores. Ha validado algunos enfoques sobre la enseñanza y el aprendizaje y ha desacreditado otros.

El cerebro humano se puede describir como un área que está formada por dos regiones fundamentales. La primera es la corteza cerebral, que es el lugar donde ocurre el pensamiento consciente. La segunda es la región sub-cortical, o el «cerebro profundo». Las funciones autónomas (es decir, involuntarias e

---

12. Un recurso muy útil en la biología del aprendizaje es James E. Zull, *The Art of Changing the Brain: Enriching the Practice of Teaching by Exploring the Biology of Learning* (Sterling, VA: Stylus, 2002).

inconscientes) y las funciones emocionales del cerebro se centran en el cerebro profundo. La corteza cerebral se ha descrito como «una capa gruesa» que cubre el cerebro profundo.

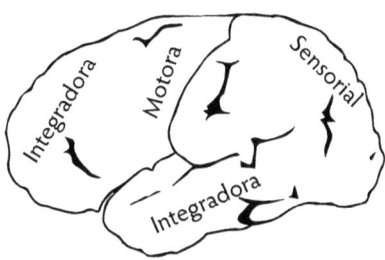

Figura 3.2: La corteza cerebral[13]

En la Figura 3.2 la corteza cerebral esta dibujada con la parte frontal del cerebro a la izquierda. Muestra tres funciones que se relacionan con el aprendizaje y el centro aproximado de cada una. Fíjese que hay dos regiones «integradoras» de la corteza. La región integradora en la parte posterior del cerebro es el «lóbulo temporal» y la que está en la parte delantera del cerebro es el «lóbulo frontal». Cuando se recibe la información sensorial, estas áreas del cerebro normalmente interactúan para establecer el significado y la respuesta de acuerdo al siguiente patrón cíclico:

1. *Sistema sensorial*: Las señales se reciben de los órganos de los sentidos—ojos, oídos, piel, boca y nariz.
2. *Corteza temporal integradora*: Los datos recibidos por el sistema sensorial se integran para producir un significado, a medida que las señales se añaden a los conceptos existentes (cf. la *asimilación* de Piaget) o se combinan en unidades nuevas que expanden la comprensión conceptual (cf. el *acomodamiento* de Piaget). La corteza temporal integradora también es el depósito de la memoria a corto plazo.

---

13. Imagen tomada de Zull, *Art of Changing the Brain*, 15, usada con permiso de la editorial. Copyright © 2002, Stylus Publishing, LLC.

3. *Corteza frontal integradora*: La información de la parte posterior del cerebro se integra para formar hipótesis o planes de acción que utilizan o prueban los conceptos.
4. *Sistema motor*: Las señales que se envían dan lugar a acciones físicas o verbales para implementar los planes de acción formulados.

Las funciones del cerebro normalmente siguen este ciclo, pero el progreso no siempre es secuencial; el pensamiento puede provocar señales que vienen y van entre las regiones del cerebro que conforman la parte creadora de significado (la corteza temporal integradora) y la planificación o la formulación de hipótesis (la corteza frontal integradora). La información se concreta en una hipótesis, lo que nos recuerda diferentes informaciones, lo que luego implica una hipótesis alternativa, y así sucesivamente. Por tanto, las hipótesis o los planes alternativos se sopesan hasta que elegimos uno para llevar a cabo o comprobar. Este proceso de pensamiento, es decir, la reflexión y la elaboración de hipótesis, se «produce» en el cerebro a medida que entran en acción los diferentes grupos de nervios que conectan la corteza temporal integradora y la corteza frontal integradora. Fíjese cómo la estructura y la función del cerebro apoya el concepto de Piaget del desequilibrio y la sugerencia de Freire y Vella de que las experiencias de aprendizaje efectivas involucran la reflexión crítica en el contexto de acción.

Aunque el pensamiento consciente es una función de la corteza cerebral, los maestros también se benefician cuando conocen un poco el cerebro profundo. Las funciones del cerebro profundo incluyen el centro de control del cuerpo (por ejemplo, los latidos del corazón, la respiración y el resto de las funciones del cuerpo en las que normalmente no pensamos), las funciones a las que a menudo nos referimos como reflejos, y, aún más significativo para la enseñanza y el aprendizaje, la memoria a largo plazo. La información que se relaciona de manera estrecha con la sobrevivencia personal o con nuestros valores fundamentales (conformados por nuestra visión del mundo, la cultura y las relaciones, incluyendo nuestro trasfondo familiar) se almacenan en la memoria a largo plazo. Para que la información se transfiera de la memoria a corto plazo, en la corteza temporal integradora, a la memoria a largo plazo, por tanto, es necesario que la información sea reconocida como útil y valiosa.

Dentro del cerebro profundo hay dos centros (uno a cada lado) que constantemente escanean los datos recibidos por los sentidos y los filtran en busca de indicaciones de peligro. Estos centros pueden enviar señales directamente a la región de acción de la corteza cerebral. El resultado de esto con frecuencia se conoce como reflejos. ¿Alguna vez te ha volado un bicho cerca de los ojos y se ha golpeado con tus pestañas? La razón por la que el bicho se golpeó contra tus pestañas en vez de volar dentro de tu ojo es porque estos sensores en tu cerebro profundo reconocieron la amenaza que el bicho significaba y le ordenaron a tu ojo que se cerrara sin esperar a que tú pensaras sobre eso. Estos centros también desatan nuestra sensación de temor. Así como pasan por encima de los procesos racionales cuando perciben una amenaza, también pueden anular los procesos racionales cuando el temor se vuelve significativo. Es por eso que algunos estudiantes experimentan un «bloqueo mental» cuando toman exámenes.

Resulta interesante que, aunque los centros del temor se localizan en el cerebro profundo, los centros del placer se localizan en la corteza cerebral, cerca de la corteza frontal integradora, donde tienen lugar las elecciones y la planificación. Cuando experimentamos algo que nos proporciona placer, nuestra respuesta natural es: «¡Oh, esto me gusta! ¿Cómo puedo obtener más de esto?» El placer no es solo físico, también se produce debido a relaciones positivas, experiencias exitosas y afirmación por parte de otras personas que respetamos. Entender los hechos básicos acerca de los centros emocionales del cerebro puede ayudar a los maestros a saber cómo motivar y ayudar a sus estudiantes.

Zull señala que la experiencia cambia, o «se transforma» a medida que el cerebro convierte la experiencia en una comprensión. Señala tres transformaciones específicas:[14]

1. *De pasado a futuro:* A medida que el cerebro procesa la información, la reflexión sobre los conceptos asimilados (el pasado) provoca nuevos pensamientos (el futuro). De la misma manera, las experiencias pasadas se convierten en planes para la acción futura.
2. *De lo externo a lo interno*: Los estímulos externos se convierten en una comprensión interna.

---

14. Zull, 33-34.

3. *De controlado a controlador*: A medida que la comprensión se desarrolla, el individuo cambia la reacción dependiente de su medio por una habilidad y una acción que tiene el poder de conformar ese medio.

A diferencia de los teóricos de los que hemos hablado en este capítulo, los descubrimientos de las investigaciones de las imágenes del cerebro no presentan un cuadro integrador de la educación transformacional. Lo que sí proveen es una evidencia de la forma en la que Dios ha estructurado el cerebro humano. No obstante, las investigaciones sobre el cerebro parecen apoyar la tesis de Piaget de que el aprendiz es un agente activo, un productor de conocimiento, en vez de un receptor pasivo. Las investigaciones sobre el cerebro también apoyan el énfasis que Freire y Vella otorgan al valor de la educación como un diálogo, a la necesidad y la capacidad de la concientización, y al papel esencial de la praxis en la educación transformacional. Una reflexión cuidadosa revelará otras implicaciones para la teoría y la práctica educacional.

Kolb: El ciclo del aprendizaje

David Kolb, un educador de adultos contemporáneo de Estados Unidos, ha enriquecido las teorías del aprendizaje que desarrollaron John Dewey y Jean Piaget y sugiere que el aprendizaje progresa en un patrón circular; se refiere a este patrón como el «ciclo del aprendizaje»[15] (ver Figura 3.3). Según Kolb, el aprendizaje comienza con una «**experiencia concreta**», física, auditiva o visual, de nuestro medio, o verbal, a través de la conversación o la lectura. Los puntos de entrada son nuestros cinco órganos de los sentidos: los ojos, los oídos, la nariz, la boca y la piel.

El siguiente paso en el ciclo del aprendizaje es la «**observación reflexiva**». Organizamos los datos que recibimos por los sentidos, intentamos crear un significado a partir de ellos y los ubicamos de acuerdo a las experiencias previas. Es en este punto que podemos decir que «entendemos» lo que hemos experimentado.

A medida que el aprendizaje progresa y reflexionamos acerca del significado de nuestra experiencia y exploramos sus implicaciones, construimos una

---

15. D. A. Kolb, *Experiential Learning* (Englewood Cliffs, NJ: Prentice Hall, 1984).

«**hipótesis abstracta**» acerca de la forma en que esta comprensión se puede relacionar con el resto de lo que «conocemos» y planeamos formar para usar o comprobar nuestra comprensión.

El cuarto paso en el ciclo del aprendizaje de Kolb es la «**comprobación activa**». Puede que no pensemos en «comprobar» nuestra comprensión de alguna manera controlada, sino usándola, lanzamos nuestras comprensiones contra la dura realidad del mundo exterior a nuestras mentes. La «comprobación activa» puede tomar muchas formas. El solo hecho de expresar nuestra comprensión sobre algo hace posible que otros disputen o concuerden con nuestra comprensión. (Incluso el hecho de hablar con uno mismo tiene un valor en este sentido). Escribir lo que comprendemos sobre algo es una disciplina mental y física que exterioriza los pensamientos. Por supuesto, cuando actuamos de acuerdo a nuestras ideas, también las comprobamos.

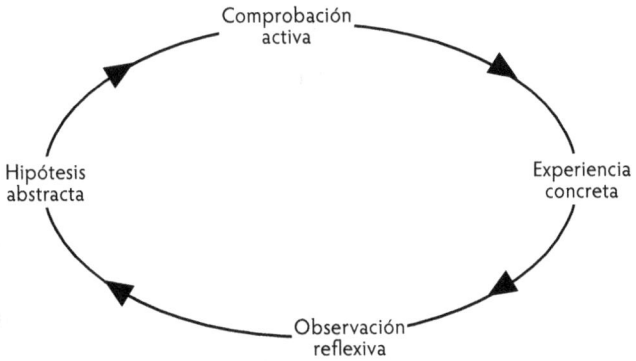

Figura 3.3: El ciclo del aprendizaje de Kolb

Fíjese que, cuando actuamos de acuerdo a nuestra comprensión, generamos una nueva «experiencia concreta», la cual tiene que ser interpretada, desafiando o reforzando nuestra comprensión anterior, y sugiriendo nuevas formas de usar nuestra comprensión modificada o confirmada, lo que luego también tiene que ser comprobado. Y así continúa el ciclo del aprendizaje. El ciclo del aprendizaje se puede interrumpir en cualquier punto, por supuesto. Cuando eso sucede, el aprendizaje se trunca o cesa.

El ciclo del aprendizaje de Kolb sugiere que hay **polaridades naturales** involucradas en el proceso de aprendizaje: **concreto/abstracto** y **reflexivo/**

activo (ver Figura 3.4). Nadie hace las cosas exactamente igual que otra persona; algunas personas son muy buenas en el pensamiento concreto, mientras que otras manejan mejor las abstracciones.

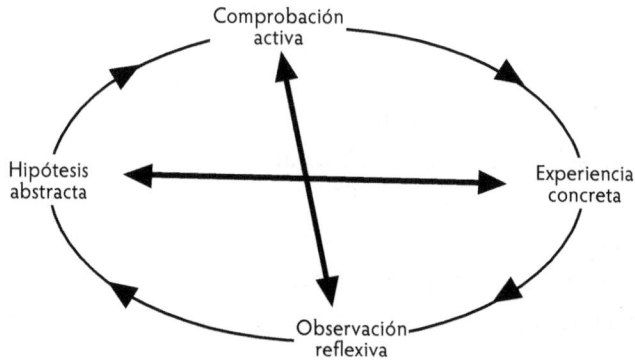

Figura 3.4: Polaridades en el Ciclo del aprendizaje de Kolb

Algunas disfrutan la reflexión, mientras otras quieren ser activas, incluso al punto de obviar la planificación cuidadosa (la fase abstracta) y se lanzan directamente a la acción de acuerdo a las ideas, según el viejo patrón de «prueba y error». ¿Puedes reconocer tus propias tendencias de aprendizaje con respecto a estas categorías?

Reconocer que estas diferencias existen puede ser importante para el maestro debido a que ellas sugieren que los diferentes tipos de alumnos traerán preferencias y fortalezas diferentes a la experiencia de aprendizaje. El maestro necesitará diseñar oportunidades de aprendizaje que tengan en cuenta las diferentes fortalezas que los individuos traen a las experiencias de aprendizaje. Al mismo tiempo, las actividades de aprendizaje deben animar a los alumnos a involucrarse en cada paso del ciclo del aprendizaje.

Tal vez hayas reconocido que hay una consistencia notable entre el ciclo del aprendizaje de Kolb y lo que la ciencia cerebral ha descubierto acerca del cerebro y el aprendizaje. Zull también destaca esto.[16] Cuando comparamos lo que conocemos acerca del cerebro con el ciclo del aprendizaje de Kolb, vemos interesantes correlaciones (ver Figura 3.5).

---

16. Zull, *Art of Changing the Brain*, 18–19.

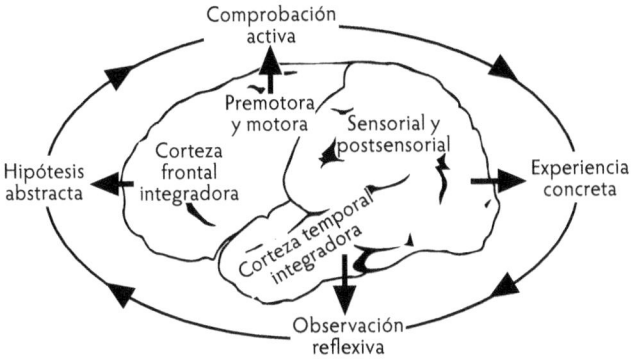

Figura 3.5: El Ciclo del aprendizaje de Kolb y las funciones del cerebro[17]

Incluso podemos llegar a la conclusión de que los avances recientes en la tecnología de imágenes del cerebro confirman las teorías de Kolb. De alguna manera, el ciclo del aprendizaje está «enraizado» en la estructura del cerebro. Kolb no inventó eso; solo articuló cómo el cerebro procesa los datos a medida que convierte los estímulos en aprendizaje.

Mezirow: El aprendizaje transformador

Tanto el título como la intención de este libro implican que la educación ministerial debe ir más allá de producir graduados con conocimiento. Su objetivo, en vez de eso, debe ser la transformación de las vidas y las mentes de los alumnos. El reconocimiento de que las experiencias de aprendizaje deben tener como resultado un cambio significativo en los alumnos no se limita a la educación ministerial. Como hemos visto, este valor ha sido el centro de cada uno de los teóricos de la educación a los que nos hemos referido en este capítulo. Aunque ofrecen diferentes perspectivas y experiencias, cada uno de ellos cree que la educación debe tener como resultado el cambio de acciones y patrones de conducta, lo que a su vez tendrá como resultado nuevas comprensiones y concepciones.

---

17. Imagen tomada de Zull, *Art of Changing the Brain*, 18, usada con permiso de la editorial. Copyright © 2002, Stylus Publishing, LLC.

Jack Mezirow introdujo el concepto de «aprendizaje transformador» en un estudio de un grupo de mujeres que habían regresado a la universidad para continuar con su educación después de haber estado alejadas de la escuela durante un largo período de tiempo.[18] Él y sus colegas desarrollaron el concepto como una teoría para la educación de adultos. El estudio inicial, así como un estudio posterior, identificó la *transformación de la perspectiva* como un aspecto esencial en el aprendizaje transformador. La transformación de la perspectiva va más allá del procesamiento de la información y tiene como resultado un cambio profundo y duradero en las percepciones básicas, las creencias, los sentimientos y las conductas del alumno.

Mezirow identificó cuatro elementos esenciales en el aprendizaje transformador. A medida que considera los siguientes elementos, fíjese en los paralelos y las consistencias con las otras teorías que hemos tratado en este capítulo.

1. *Dilema desorientador:* La transformación de la perspectiva a menudo se «dispara» debido a un evento en la vida de un individuo que tiene un profundo significado y «casi siempre expone una discrepancia entre lo que una persona siempre ha creído que es cierto y lo que acaba de experimentar, escuchar o leer».[19] El episodio disparador podría ser un solo evento o una serie de eventos. Mezirow señala que las actividades educacionales tales como la solución de problemas proveen una oportunidad para resaltar las discrepancias entre lo que los alumnos asumen que es cierto y lo que experimentan en la actividad.[20]

2. *Reflexión Crítica:* El aprendizaje transformador tiene que involucrar el análisis sistemático y deliberado, y la evaluación y reevaluación de las percepciones básicas, las creencias, los sentimientos y las conductas de la persona, a la luz de la nueva experiencia o conocimiento. Mezirow insiste en que «... por mucho, las experiencias de aprendizaje más

---

18. Jack Mezirow, *Education for Perspective Transformation: Women's Re-Entry Programs in Community Colleges* (Nueva York: Center for Adult Education, Teachers College, Columbia University, 1978).

19. Patricia Cranton, "Teaching for Transformation," New Directions for Adult and Continuing Education 2002, no. 93 (2002): 63–72.

20. Jack Mezirow, "Transformative Learning: Theory to Practice," New Directions for Adult and Continuing Education 1997, no. 74 (1997): 5–12.

significativas en la adultez involucran la reflexión crítica, reevaluando la forma en que hemos considerado los problemas y reevaluando nuestra propia orientación con respecto a la percepción, el conocimiento, las creencias, los sentimientos y las formas de actuar».[21]

3. *Discurso Reflexivo:* Para que el aprendizaje transformador tenga lugar, los individuos necesitan enrolarse en un diálogo o un discurso con otros. Mezirow sugiere que «el discurso es necesario para validar lo que uno comprende y cómo lo comprende, o para llegar a un mejor juicio con respecto a una creencia».[22] Investigaciones recientes indican una importante dinámica relacional en este discurso; solo tiene lugar en una comunidad de confianza, donde los individuos pueden cuestionar, con seguridad, creencias, actitudes, percepciones y normas.[23]

4. *Autonomía del alumno:* Mezirow establece los dos elementos anteriores (el pensamiento crítico y el discurso reflexivo) en el contexto de la autonomía del alumno o el aprendizaje auto-dirigido.

> Al fomentar la auto-dirección, el énfasis debe estar en la creación de un ambiente en el que los alumnos se vuelven cada vez más adeptos a aprender unos de otros y a ayudarse unos a otros a aprender en grupos de solución de problemas. El educador funciona como facilitador y provocador y no como una autoridad en un tema.[24]

Cranton también destacó el énfasis de Mezirow en «cambiar la experticia, el poder y la toma de decisiones» del educador al alumno en el proceso del aprendizaje transformador.[25]

La teoría del aprendizaje transformador, en la medida en que se ha desarrollado en las últimas décadas, se basa y utiliza los elementos esenciales

---

21. Jack Mezirow, *Fostering Critical Reflection in Adulthood: A Guide to Transformative and Emancipatory Learning* (San Francisco: Jossey-Bass, 1990), 13.
22. Mezirow, "Transformative Learning," 10.
23. Edward W. Taylor, "Analyzing Research on Transformational Learning Theory," in Jack Mezirow and Associates, Learning as Transformation: Critical Perspectives on a Theory in Progress, 1ra edición (San Francisco: Jossey-Bass, 2000), 285–328.
24. Mezirow, "Transformative Learning," 11.
25. Patricia Cranton, "Self-Directed and Transformational Instructional Development," Journal of Higher Education 65, no. 6 (1994): 726–744.

de otras teorías del aprendizaje mencionadas en este capítulo. Es una valiosa herramienta, un tema digno de continuar estudiando por parte de aquellos enrolados en el ámbito de la educación, tal como la educación ministerial, que tiene el propósito de la transformación de las vidas.

En el enfoque de Mezirow sobre la educación transformacional, la meta del educador es producir un cambio en la perspectiva. Dentro de un contexto cristiano, esta comprensión de la transformación es conflictiva. La apropiación y la necesidad de perspectivas cambiadas es muy clara, pero el cristiano necesita decir mucho más. No se dicen (pero se asumen) en los escritos de Mezirow percepciones y valores hacia los cuales Mezirow cree que el alumno debe progresar, tales como el relativismo del valor y la autonomía individual, enraizados en una epistemología constructivista. Debido a su posición de personas respetadas, las perspectivas de los maestros ejercen una influencia significativa en la conformación del pensamiento de los estudiantes. En el medio académico, las perspectivas reinantes a menudo difieren marcadamente de la verdad y los valores bíblicos. Si bien la transformación de la perspectiva puede afectar de manera dramática los valores y las conductas de las personas, la verdadera transformación solo tiene lugar cuando las vidas de los alumnos se alinean con la de Jesucristo y con la verdad de la Palabra de Dios.

Conclusión

A la luz de los principios considerados en este capítulo y de una comprensión bíblica de la obra de Dios en su pueblo, sugerimos que la educación se vuelve transformacional cuando una institución o un maestro crea un ambiente, a través del ejemplo personal, a través del diseño del curso y del currículo, y a través de la interacción dentro y fuera de la clase, que anima a los alumnos a integrar la verdad de Dios en sus perspectivas fundamentales, en sus valores fundamentales, patrones relacionales y hábitos de vida, abriéndose así al poder transformador de Dios. Cuando los alumnos son transformados por la gracia de Dios, esta transformación impacta cada aspecto de la vida y se vive dentro de la comunidad.[26]

---

26. La definición de educación transformacional propuesta fue desarrollada por el equipo de GATE y se puede encontrar en el sitio web de GATE. Ver www.gateglobal.org/about.html.

El compromiso de enrolarse en una educación ministerial que transforma en vez de solo informar, por tanto, puede requerir que los maestros confronten su propia necesidad de «transformación de la perspectiva». Para muchos educadores en el ministerio, las percepciones básicas, los valores, las creencias y las acciones concernientes a la práctica de la educación ministerial válida necesitan reevaluarse a la luz de las investigaciones, teorías y descubrimientos tratados en este capítulo.

¿Incluyen nuestras actividades educacionales momentos de «desequilibrio» o «dilemas desorientadores» que les brindan a los alumnos la oportunidad de reexaminar viejas ideas y percepciones a la luz de las nuevas verdades o experiencias? ¿Hasta qué punto usamos el diálogo para conocer mejor las perspectivas actuales de los alumnos, sus ideas e incluso sus malentendidos con respecto a un tema determinado? ¿Tiene lugar ese discurso de una manera igualitaria, «segura» y reflexiva? ¿Estamos involucrando a los alumnos en un ciclo de aprendizaje completo que utiliza plenamente las capacidades innatas del cerebro para asimilar las nuevas informaciones de formas que empoderan para la acción y cambian el contexto? Aunque el contenido bíblico y teológico es esencial en la preparación para el ministerio, es igualmente esencial que los alumnos apliquen ese contenido en formas que transformen tanto el potencial de la vida como del ministerio.

4

Enseñar para transformar: de la teoría a la práctica

En el capítulo anterior vimos áreas de la investigación educativa y la teoría del aprendizaje que son relevantes para una educación ministerial transformacional. Nada es más práctico que la buena teoría, pero la buena teoría tiene que ponerse en práctica. Las investigaciones y las teorías que vimos en el Capítulo 3 pueden contribuir a la forma en que planificamos y enseñamos los contenidos.

Contextos que conforman la interacción educativa

En el Capítulo 3, vimos los «Ocho pasos de la planificación» de Vella y observamos que el orden de estos pasos es importante. En vez de empezar preguntando: «¿Qué voy a enseñar?», Vella resalta que hay muchos pasos que son necesarios antes de que podamos responder esa pregunta de manera adecuada. Nos referimos a los primeros cuatro pasos de Vella como «antecedentes» de la planificación de una clase o de la planificación curricular.

El primer paso de Vella es preguntar: «**¿Quién?**». Antes de que podamos planificar una clase o un currículo necesitamos aprender todo lo que podamos acerca de los alumnos a los que vamos a enseñar. Los alumnos traen tanto sus necesidades como sus recursos a nuestras aulas. No solo es importante conocer sus estudios previos. También es importante conocer todo lo que podamos acerca de su experiencia espiritual y su madurez, de su familia, su trasfondo cultural, el estrés que enfrentan y que pudiera impactar sus estudios, y los obstáculos que tienen que vencer para estudiar con nosotros. Los profesores de los cursos avanzados pueden llegar a conocer a sus estudiantes que ya han pasado algún tiempo en el campus, pero responder el «¿**Quién?**» es más desafiante para los profesores de los cursos de los primeros años o para los que dictan talleres fuera del campus. Si los formularios de aplicación están diseñados para reunir información importante para los docentes, estos deben estar disponibles para que los profesores los consulten cuando estén planificando su sílabo. Tal vez algunos profesores quieran entrevistar a sus futuros estudiantes por teléfono o pedirles a los estudiantes que publiquen en un sitio web seguro una breve autopresentación que incluya información relevante para su clase. Mientras más conozcamos acerca de los estudiantes que se van a matricular en nuestra clase, más apropiadamente diseñaremos nuestra instrucción. Si no hay nada más disponible, el primer día de clase puede incluir un cuestionario titulado «Conociéndonos mejor», que incluya información relevante para el curso. Vella denomina dicho ejercicio una evaluación de las necesidades del estudiante y de los recursos.[1]

El conocimiento acerca de nuestros estudiantes nos puede ayudar a decidir lo que necesitamos enseñar y lo que no necesitamos enseñar, basado en lo que los alumnos ya saben. Nos puede ayudar a tratar asuntos que sean relevantes para su medio, su trasfondo y los posibles lugares de su futuro ministerio. Entender la madurez espiritual de los estudiantes y su experiencia previa en la iglesia y el ministerio nos alerta sobre oportunidades para involucrarlos en el diálogo y aprovechar su experiencia como un recurso para su propio aprendizaje y para el aprendizaje de los otros en la clase.

Vella plantea que una segunda pregunta antecedente para los profesores es «¿**Por qué?**». No se trata de «¿Por qué estoy enseñando esta clase?» o «¿Por qué está incluida esta clase en el currículo de nuestra escuela?». Esas son preguntas importantes en otros contextos, ya que exploran nuestro llamado personal y la lógica que sustenta los programas de nuestra escuela. Cuando planificamos una clase o un currículo, sin embargo, también necesitamos preguntar: «¿Por qué mis estudiantes adultos vienen a esta escuela, o a esta clase?» ¿Cuál es su motivación? ¿Qué esperan aprender? ¿Cómo esperan utilizar el conocimiento que van a adquirir? ¿Cómo y de qué maneras quieren

---

1. Jane Vella, *On Teaching and Learning* (San Francisco: Jossey-Bass, 2008), 19–29.

crecer y cambiar, intelectual, espiritual y profesionalmente, como resultado de su experiencia en esta clase?

Entender las motivaciones y las metas de los estudiantes nos capacita para planificar experiencias de aprendizaje que resulten atractivas de acuerdo a sus intereses y que sean relevantes para su llamado y para los contextos donde llevarán a cabo el ministerio. Para aprender, los estudiantes tienen que estar involucrados. Cuando planificamos nuestros currículos, clases y lecciones con la motivación de los estudiantes en mente, podemos involucrarlos mejor en el proceso de aprendizaje.

Una tercera pregunta antecedente es «**¿Cuándo?**». Esto no se limita a la hora del día, aunque eso puede ser importante para la planificación. Las clases que se llevan a cabo tarde en la noche, o las clases programadas para después del almuerzo, en el calor del día, cuando es más difícil enfocar la atención, tal vez tengan que planificarse de una manera diferente a las clases que están programadas para el comienzo del día. Igualmente importante, sin embargo, es el horario del curso. ¿Se trata de un curso intensivo que se reúne diariamente durante una o dos semanas, tal vez durante la época de lluvia o en el invierno? ¿Se trata de un curso de fin de semana que se reúne una vez al mes el viernes por la tarde hasta el sábado por la tarde? ¿Se trata de una clase que se reúne una, dos, o tres veces a la semana a lo largo de un período? Si es así, ¿cuánto dura el período? ¿Cuatro semanas? ¿Seis semanas? ¿Diez semanas? ¿Quince semanas? ¿Qué vacaciones y días feriados están programados durante este período? Todas estas preguntas son importantes a la hora de diseñar una clase. Consideraciones similares también son importantes en el diseño del currículo y las lecciones.

Cuando empezamos la planificación sin otorgar una atención apropiada al «**¿Cuándo?**», tendemos a incluir más contenidos en nuestra clase de lo que sería realista. Como consecuencia nos sentimos presionados y nos dedicamos a dar conferencias, a pesar de que tal vez reconozcamos que el aprendizaje de los estudiantes se afecta. Un axioma de la educación de adultos afirma: «Menos es más». Esta no es una regla ilimitada, por supuesto, pero es un útil recordatorio de que nuestra tendencia a incluir más y más contenido en nuestras lecciones en realidad perjudica el aprendizaje del estudiante. Cuando nos enfocamos en lo que es esencial y les brindamos a los estudiantes tiempo para procesar y reflexionar en los principios y las verdades enseñadas, el aprendizaje se incrementa. Este principio demanda más del profesor, debido a que tenemos que entender los temas que enseñamos lo suficientemente bien como para identificar y ayudar a nuestros alumnos a entender la información principal, los conceptos y las relaciones. Cuando les enseñamos a nuestros alumnos dónde y cuándo acceder a recursos adicionales para el aprendizaje, los equipamos para un aprendizaje que durará toda la vida. Las ilustraciones personales hacen que el aprendizaje sea significativo; debe dedicarse tiempo a esta clase de comunicación. Ese es nuestro llamado y nuestro privilegio. Cuando somos selectivos en la cantidad de información que transferimos y nos enfocamos en que el estudiante se involucre con las verdades centrales y los principios que enseñamos, el aprendizaje en nuestras clases se vuelve transformador.

También es importante que los planificadores de la educación se pregunten: «**¿Dónde?**» Esto incluye no solo el lugar y el espacio físico que se provee para el aprendizaje, sino también la configuración de la habitación, las instalaciones y el equipo disponible para apoyar el proceso de enseñanza-aprendizaje, así como los recursos disponibles en la comunidad en general.

El orden más común de las aulas ubica a los estudiantes en filas, todos mirando hacia la parte de adelante del aula, donde el profesor se ubica o se sienta, de cara a la clase. El mensaje implícito es claro: todo lo que es importante sucede en la parte de adelante del aula. El papel del profesor es esencial para el aprendizaje. Debido a que no se espera que los alumnos contribuyan de manera significativa a la clase, es apropiado que los estudiantes solo vean la parte de atrás de las cabezas de sus compañeros.

Cada una de estas suposiciones resulta problemática cuando estamos comprometidos con la educación ministerial transformacional. Como nos recuerda Vella, la enseñanza y el aprendizaje de adultos es una tarea colaborativa que se lleva a cabo mejor a través del diálogo. El contexto más natural para el diálogo colaborativo en la mayoría de las culturas es un círculo, a menudo sentados alrededor de una mesa. Cuando los planes de clase incluyen tareas de aprendizaje, es apropiado elegir un aula que tenga mesas en las que los estudiantes puedan trabajar en grupos pequeños de cuatro a seis personas. Colocar a los estudiantes en grupos alrededor de una mesa comunica, de manera implícita, que lo que sucede en las mesas es importante. El papel del profesor sigue siendo muy importante, ya que es su responsabilidad proveer dirección y recursos que los estudiantes necesitan para completar las tareas asignadas. Es en el grupo que está alrededor de la mesa, sin embargo, que el aprendizaje tiene lugar. Un espacio de aprendizaje que no tiene la flexibilidad requerida para colocar a los estudiantes en grupos pequeños no es un obstáculo insuperable para la enseñanza y el aprendizaje dialógicos. No obstante, tales espacios demandan una planeación y una administración instruccional más creativas.

La planificación también debe tener en cuenta las instalaciones y los equipos disponibles para apoyar la enseñanza y el aprendizaje. Si el trabajo que se realiza en los grupos pequeños va a ser exhibido, por ejemplo, las aulas que tienen ventanas grandes y ventilación natural tal vez requieran una planificación diferente de aquellas de las que tienen paredes grandes y climatización controlada. Cuando preparamos materiales impresos, los servicios de fotocopiado que están disponibles solo en un centro de copiado fuera del campus exigen que se haga una planificación diferente de cuando los servicios de fotocopiado están disponibles dentro del campus. Las actividades de enseñanza que requieren un proyector de video, una computadora o un DVD podrán usarse en algunas aulas pero en otras no.

Además, el aprendizaje no tiene que limitarse al aula. Cuando planifican clases y lecciones, los profesores deben tener en cuenta los recursos y las oportunidades disponibles en la comunidad en general. Tal vez pueden invitar a pastores locales y líderes cristianos a compartir su experiencia y perspectivas con los estudiantes, ya sea en el aula o (¡mejor!) en sus lugares de ministerio. Los estudiantes ganan experiencia en el ministerio así como oportunidades para aplicar el aprendizaje cuando se involucran en proyectos evangelísticos o de servicio en la comunidad fuera del campus. Algunas escuelas incluyen en sus currículos períodos programados en los que estudiantes y profesores, juntos, participan en un ministerio durante una semana.

Los primeros cuatro «pasos de la planificación» de Vella, que hemos denominado preguntas antecedentes, nos preparan para diseñar los currículos y determinar el contenido de nuestros cursos y lecciones más apropiado y más relevante para el contexto y el llamado de nuestros estudiantes. Estos nos capacitan para involucrar a nuestros estudiantes en un aprendizaje que sea verdaderamente transformador.

El papel de la experiencia previa en el aprendizaje

La tecnología de imágenes del cerebro ha confirmado lo que los educadores siempre han sabido pero que a menudo pasan por alto: un aprendizaje nuevo debe edificarse sobre la base de un conocimiento o una experiencia previa. Lo que los neuro científicos han aprendido acerca del funcionamiento del cerebro nos puede ayudar a enseñar con más efectividad.

El cerebro está compuesto por células especiales conocidas como «neuronas». Cada una de estas células especiales transmite información a otras células. Las uniones entre las células a través de las cuales pasan las señales se llaman «sinapsis». La corteza cerebral está compuesta (¡literalmente!) por miles de millones de estas células especiales que se comunican de acuerdo a patrones establecidos.[2] A través de múltiples sinapsis, estas células establecen redes en las que se forma el significado y se almacenan los recuerdos. Todo lo que conocemos existe en forma de estas redes. Incluso los bebés recién nacidos han establecido redes. Estas redes son físicas y persistentes. El aprendizaje implica la construcción de nuevas conexiones, aparte de las que ya existen. Las nuevas redes neuronales se forman y el aprendizaje tiene lugar solo cuando las nuevas experiencias se vinculan a los conceptos, los recuerdos y las experiencias que ya están almacenados en el cerebro.

Los descubrimientos de la neurociencia confirman que el aprendizaje tiene que empezar a partir de lo que ya se conoce. Conocer a nuestros alumnos y conectar las verdades que enseñamos con sus conocimientos y experiencias previas es esencial para ayudarlos a aprender. Nuestros alumnos adultos traen a nuestras clases una riqueza de conocimientos y experiencias previas. Con miles de millones de neuronas conectadas en el cerebro de cada estudiante, nuestros estudiantes poseen un potencial inimaginable para el aprendizaje. ¡Los profesores que relacionan las nuevas verdades o habilidades con un conocimiento previo tienen una buena base sobre la cual trabajar! Cuando los estudiantes «no entienden» es porque todavía nos falta conectar las verdades que enseñamos con el conocimiento previo de nuestros estudiantes.

---

2. James E. Zull, *The Art of Changing the Brain: Enriching the Practice of Teaching by Exploring the Biology of Learning* (Sterling, VA: Stylus, 2002), 97.

Conferencias efectivas

Debido a que los educadores elogian los métodos de enseñanza interactivos, en ocasiones se asume que menosprecian las conferencias. Aunque puede que algunos sean culpables de subestimar el método de las conferencias, de hecho hay muchas situaciones en las que las conferencias son la mejor vía para obtener nuestros objetivos en la educación. Algunos ejemplos incluyen cuando se presenta una teoría que no es familiar, cuando se explican conceptos complejos, cuando se estimula el interés en un tema nuevo, o cuando se modela la indagación intelectual. Una conferencia enfocada también puede ser la mejor forma de asegurar que todos los alumnos tengan la información necesaria para llevar a cabo una tarea de aprendizaje.

Suposiciones inherentes a las conferencias

Las conferencias son un valioso método educativo pero hay muchas suposiciones sobre ellas que deben ser analizadas.[3] En primer lugar, cuando damos una conferencia asumimos que los alumnos prefieren o, al menos se sienten bien, con el estilo de aprendizaje de auditorio. Uno no necesita apoyarse en una determinada teoría de los estilos de aprendizaje para reconocer que algunas personas y culturas prefieren modos de comunicación más visuales, mientras que otras prefieren la comunicación verbal o auditiva. Los estudiantes que prefieren la comunicación visual se pierden con mucha facilidad cuando la comunicación, en particular la comunicación técnica o compleja, —se restringe a los canales verbales. Estos estudiantes están en desventaja cuando la conferencia es el método de instrucción predominante.

En segundo lugar, cuando damos una conferencia asumimos que los estudiantes no tienen acceso a métodos alternativos para adquirir el contenido de la conferencia. Tal vez hubo una época en la que eso era cierto en la mayoría de los casos, pero los estudiantes en la actualidad tienen muchos recursos disponibles si se les enseña cómo acceder a ellos. Los miembros del profesorado casi siempre tienen un mayor acceso a la información relacionada con el campo de su disciplina y un conocimiento más profundo de las relaciones

---

3. Un debate muy útil acerca de las suposiciones inherentes al método de conferencias se puede encontrar en D.W. Johnson, R.T. Johnson, y K.A. Smith, *Active Learning: Cooperation in the College Classroom* (Edina, MN: Interaction Book Company, 2006), 5:01–5:09.

existentes dentro de ese campo. Se necesita sabiduría para discernir cuándo y cómo compartir ese conocimiento avanzado. No obstante, el valor del autodescubrimiento es fundamental en la enseñanza y el aprendizaje. Los profesores que siempre dan conferencias desarrollan alumnos dependientes.

En tercer lugar, cuando damos una conferencia asumimos que los alumnos dominan el conocimiento en el que se basa dicha conferencia. Un estudiante que no tenga una información o experiencia específica, o las estructuras teóricas necesarias para comprender el tema de una conferencia puede perderse rápidamente y desconectarse de la experiencia de aprendizaje. Por supuesto, esto también es cierto cuando el conocimiento se obtiene a través de otros medios, pero un estudiante que está leyendo o que se involucra en el aprendizaje a través del descubrimiento puede hacer una pausa para adquirir las bases que necesita antes de continuar. Esto no es posible cuando asiste a una conferencia.

En cuarto lugar, cuando damos una conferencia asumimos que los alumnos tienen buenas estrategias y habilidades para tomar notas. Identificar los conceptos y la información importante, de una manera crítica, dentro de un conjunto de palabras es una exigente tarea que necesita estrategias para filtrar lo que se escucha. Los estudiantes que no tienen las estrategias o las habilidades necesarias para aplicarlas tienden a asumir que todo lo que se incluye en una conferencia tiene la misma importancia. Esto los conduce a intentar tomar notas como si fuera un dictado y a memorizar todo el contenido de la conferencia. Almacenar palabras carentes de significado en la memoria a corto plazo no es una forma útil de aprendizaje. A menos que el currículo de una escuela incluya indicaciones acerca de la toma de notas, la utilidad de las notas que toma el estudiante casi siempre varía grandemente a lo largo de una conferencia.

En quinto lugar, cuando damos una conferencia asumimos que los estudiantes no son susceptibles a una sobrecarga en el procesamiento de la información. Debido a que el contenido de la conferencia es familiar para el profesor, es fácil pasar por alto la complejidad y el contexto teórico más amplio del material objeto de la conferencia. Cuando el progreso del conferencista va más allá de la capacidad de los alumnos, estos se desconectan y el aprendizaje cesa. Este problema, como sucede con otras suposiciones inherentes a las conferencias, puede mitigarse hasta cierto punto cuando brindamos oportunidades para que los estudiantes reflexionen y hagan preguntas. Sin embargo, el compromiso de un profesor de «cubrir el contenido», combinado con el deseo admirable de comunicar tanto como sea posible acerca de la comprensión personal, puede conducir a una conferencia interminable, a una sobrecarga del alumno y a una interrupción del aprendizaje.

Características de las conferencias efectivas

Las conferencias pueden ser un excelente método para promover el aprendizaje, siempre y cuando el método no se use demasiado. Las conferencias efectivas relacionan la nueva información con los conocimientos previos, involucran las emociones de los estudiantes y emplean una variedad de actividades cognitivas.

Los descubrimientos en la investigación del cerebro que se trataron en el capítulo anterior indican que, a partir de las redes ya establecidas, se desarrollan nuevas redes neuronales. Por tanto, los conferencistas hacen bien en identificar vínculos entre la nueva información o los nuevos conceptos y aquellos que ya se conocen. Además, debido a que el pensamiento avanza de lo concreto a lo abstracto (como señala Kolb), las conferencias que incluyen ejemplos concretos contribuirán a la comprensión del estudiante.

La comprensión también mejora cuando los conferencistas señalan claramente el propósito y las ideas centrales de su conferencia. Brookfield incluso sugiere la distribución de «notas relevantes», un boceto abreviado de la conferencia que «ofrece información suficiente, de modo que los estudiantes puedan seguir el progreso de la conferencia», pero no tanta como para quitarle al estudiante la necesidad de estar presente y atento.[4] De la misma manera, es útil identificar digresiones e ilustraciones, de modo que los estudiantes no se confundan.

Las conferencias efectivas no solo construyen sobre un conocimiento establecido, también retan de manera gentil las percepciones y suposiciones del estudiante con nuevas informaciones, conceptos y perspectivas. Como vimos en el capítulo anterior, tanto Piaget como Mezirow destacaron el papel esencial del desequilibrio en el aprendizaje transformador.

---

4. Stephen D. Brookfield, *The Skillful Teacher*. 2da edición. (San Francisco: Jossey-Bass, 2006), 107.

La investigación sobre el cerebro también valida la importancia de involucrar las emociones del estudiante para incrementar el aprendizaje. Cuando los estudiantes se dan cuenta de que un conferencista valora un tema, su interés también aumenta. Esto no significa que todas las conferencias deban marchar de un pico emocional a otro, pero es más probable que los estudiantes acojan y retengan la información y las perspectivas cuando los conferencistas se apasionan con los temas que enseñan.

Las historias son, a menudo, una forma efectiva de enrolar las emociones de los estudiantes. Las historias pueden ilustrar la importancia o la aplicación de la información que se comparte. Los ejemplos personales de descubrimiento o aplicación son particularmente efectivos, ya que establecen la conexión entre el tema y la persona del conferencista. La transparencia es atractiva en el aula, como en todas las relaciones humanas.

Por último, los conferencistas efectivos emplean una variedad de habilidades cognitivas. Brookfield cita la investigación de Bligh para sugerir «aproximadamente doce minutos como el período de tiempo óptimo en el que se puede esperar que los estudiantes se enfoquen en una idea o subtema».[5] Con el objetivo de retener la atención y la motivación de los estudiantes, los conferencistas pueden emplear tanto la lógica linear como la «circular». La «lógica circular» observa un concepto desde varias perspectivas, y cada «círculo» regresa al hecho o concepto central que se desea establecer. De esa manera, un concepto como la Trinidad se puede enfocar desde el punto de vista bíblico, histórico, devocional y práctico, y cada círculo regresa a la observación de que esta doctrina es central en el cristianismo bíblico.

A la luz de la naturaleza transitoria del enfoque, según señala Bligh, Brookfield sugiere «picar» las conferencias, es decir, dividir el tiempo de la conferencia en segmentos de doce a quince minutos, separándolos con otras actividades de aprendizaje. Una pregunta provocadora sobre el tema que se acaba de tratar en la conferencia con un par de minutos para la reflexión en silencio o la escritura pueden producir pensamientos productivos y reactivar el interés y la motivación del estudiante. Se le puede dar a los estudiantes la oportunidad de expresar sus observaciones o hacer preguntas adicionales, o se pueden ubicar en «grupos de cotilleo» de dos o tres personas para debatir

---

5. Brookfield, *Skillful Teacher*, 105.

la pregunta formulada. La defensa de Vella de las «tareas de aprendizaje» comienza con la observación de que los alumnos deben tener todos los recursos necesarios para cumplir la tarea asignada. En ocasiones, una breve conferencia es el mejor método para asegurarse de que los alumnos tienen los recursos necesarios.

Las conferencias pueden ser «charlas» aburridas del profesor o un método efectivo para promover el aprendizaje. La diferencia depende de la frecuencia con que se usa el método de las conferencias y la efectividad con que se usa. Los docentes sabios reconocen la conferencia como uno de tantos métodos, que se usa mejor en segmentos cortos, que vincula el nuevo aprendizaje con el conocimiento previo, y que involucra las emociones de los estudiantes, así como su mente.

Los debates guiados y las reuniones de aprendizaje

El debate es quizás el método más común que se usa como alternativa a la conferencia. El aprendizaje experiencial y las tareas de aprendizaje tienen que reunirse para maximizar el aprendizaje y las reuniones de aprendizaje casi siempre adquieren la forma de debates guiados. Los debates esclarecedores pueden ocurrir de manera espontánea en la clase, pero la mayoría de las veces son el resultado de la planificación cuidadosa y la dirección sabia del docente.

El papel del facilitador

Como profesores, tenemos la idea de que la enseñanza es hablar —organizar y transmitir información— en vez de que se trata de facilitar el aprendizaje. Como hemos visto, facilitar el aprendizaje implica involucrar al alumno. Los debates guiados son una forma efectiva de involucrar a los alumnos y facilitar el aprendizaje.

Para que los debates o las reuniones informativas sean efectivos, el facilitador debe entender de manera muy clara el objetivo de aprendizaje. Los objetivos comunes pueden ser (1) exponer y comprobar suposiciones, (2) aclarar temas, (3) explorar la aplicación de principios, o (4) extraer principios generales de experiencias particulares. Cuando el objetivo del debate es explorar la aplicación de principios, asumimos que los alumnos adultos conocen su propio contexto, por lo que cualquier sugerencia razonable puede ser aceptada.

Cuando el objetivo del debate es exponer y comprobar suposiciones, aclarar temas, o aprender de experiencias particulares, el facilitador tiene que estar preparado para guiar el debate. Esto implicará sondear, con gentileza, las observaciones y suposiciones, a la vez que se presenta un desafío a aquellas que no tienen apoyo bíblico o empírico. Los facilitadores efectivos asumen su papel con confianza pero también con la humildad adecuada —a menudo podemos aprender de las observaciones de los participantes— y siempre con respeto hacia los demás y hacia sus puntos de vista. Hacer lo contrario sería violar la imagen de Dios en nuestros alumnos.

El lanzamiento del debate

Los debates esclarecedores aprovechan las experiencias compartidas, ya sea de manera directa (por ejemplo, conferencias, experiencias prácticas, o simulaciones) o mediada (por ejemplo, lecturas, estudios de casos, o videos). El papel del facilitador es lanzar una pregunta que motive a los participantes y que provoque la reflexión. Los debates más útiles son altamente interactivos, pero puede que los participantes necesiten tiempo para procesar una pregunta profunda antes de responder.

En particular cuando se lanza un debate, puede que los alumnos duden en querer hablar desde el primer momento. A medida que el silencio se alarga y la tensión aumenta, el facilitador enfrenta la tentación de responder la pregunta que lanzó, pero hacer eso es, casi siempre, un error. Un facilitador efectivo no se apresurará a romper el silencio. Los alumnos no se arriesgarán a responder preguntas si se dan cuenta de que el profesor lo hará por ellos. Si te das cuenta de que los participantes no entienden o han entendido mal el contenido de una pregunta, hazla de otra manera o reformúlala. Las reuniones o los debates instructivos empiezan cuando los alumnos entienden la pregunta que se les hace y se dan cuenta de que usted no responderá dicha pregunta por ellos.

Responder a los participantes

En cualquier debate en grupos, ofrecerse como voluntario para hacer una observación o una sugerencia implica un cierto grado de riesgo. A nadie le gusta que le digan que está equivocado o salir de un lugar con una sensación de que hizo el papel de tonto, sintiendo que no entendieron una información importante que resultaba clara para el resto. El valor que exhiben aquellos que participan —en especial los primeros que hablan— merece una expresión de reconocimiento y aprecio. No obstante, expresar aprecio no requiere afirmar todas las contribuciones. De hecho, la afirmación universal confunde a los participantes y no contribuye a crear una comprensión general. El profesor debe tener un objetivo en mente y debe guiar el debate, de manera sensible pero persistente, hacia dicho objetivo.

Volver a exponer las contribuciones de los participantes es una pérdida de tiempo y disminuye al contribuyente original. No es necesario que un facilitador responda a todas las observaciones o las sugerencias que se ofrecen. En ocasiones, un silencio reflexivo es la respuesta más efectiva. Otras veces es mejor lanzar la observación de vuelta al grupo. Un facilitador efectivo podría preguntar: «¿Qué piensan de eso?» «¿Cómo se relaciona eso con la observación que acaba de hacer Mary?»

Las observaciones de los participantes que son irrelevantes o que se mueven en contra del objetivo del debate deben ser desafiadas con respeto sondeando las suposiciones y las perspectivas que condujeron a dicha observación. Al hacer esto no solo estamos enseñando, sino que estamos modelando las habilidades de pensamiento de orden superior[6] que queremos desarrollar en nuestros alumnos. Si sale a relucir un tema sobre el cual uno o más participantes están en desacuerdo con la perspectiva del facilitador y el objetivo de enseñanza, es apropiado desafiar el punto de vista alternativo pero no es productivo enrolarse en una defensa extendida de la comprensión personal. Ese es un escenario en el que resulta imposible ganar. Muy pocos participantes se sentirán persuadidos por lo que parece ser una discusión. Es mejor si el facilitador hace una o dos preguntas exploratorias y luego reconoce que puede haber espacio para un debate más extendido y luego continúa con la clase. Esto demuestra respeto por la persona que está en desacuerdo, modela humildad y responsabiliza a todos los participantes a pensar sobre el tema.

La modelación y el aprendizaje experiencial

La demostración es una parte importante del aprendizaje de cualquier habilidad y es un valioso aspecto en el desarrollo del carácter. Esto es cierto con

---

6. Compare la sección en "Taxonomy of Cognitive Functions" de Bloom, en el capítulo 3.

respecto a las habilidades cognitivas y a las habilidades ministeriales, así como sucede con las habilidades manuales o artísticas. Como profesores, modelamos habilidades cognitivas y debemos ser intencionales en nuestra modelación. En las conferencias y los debates, cuando examinamos los datos, exponemos y comprobamos las suposiciones y presentamos interpretaciones alternativas de manera adecuada, el proceso es tan importante como el objetivo.

Después de exponer las suposiciones que no conocían con anterioridad o aclarar un argumento engañoso, es apropiado decir: «¿Vieron lo que acabo de hacer? ¿Entienden cómo lo hice?» En otros contextos, la pregunta podría ser: «¿Se dieron cuenta cómo le respondí a ella?» «¿Fue esa una respuesta apropiada? ¿Por qué o por qué no?»

Los estudiantes observan la forma en que pensamos y cómo interactuamos con otros, ya sea que estén presentes o ausentes. También son prontos para observar nuestra integridad. La sinceridad es algo que se respeta. Si surge un tema sobre el que no tenemos una opinión formada, es mejor reconocer que tenemos que prepararnos mejor en él. También es apropiado a veces decir: «No sé» o «Permítanme pensar sobre eso y después les respondo». Este no es un permiso para evadir el duro trabajo de dominar la disciplina que enseñamos o prepararnos para la interacción con los estudiantes. No obstante, cuando has cumplido con tu trabajo y te encuentras con algo inesperado, la honestidad es una mejor elección que la pretensión.

Estos principios son tan válidos para modelar la sumisión a la Palabra de Dios o el ministerio hacia otros como para las habilidades cognitivas. Cuando enseñamos la Biblia, los estudiantes se dan cuenta si la consideramos un texto histórico que debe ser analizado o una revelación divina que debe ser obedecida. La Biblia es un texto histórico y es apropiado que la sometamos a una cuidadosa exégesis. No obstante, nunca podrá ser solo un texto histórico. Siempre es la verdad de Dios que demanda nuestra humilde obediencia, que dicta nuestros valores y prioridades y que dirige nuestras relaciones. Cuando los estudiantes observan nuestra sumisión a la Palabra de Dios y nuestro compromiso a obedecerla, nuestro ejemplo contribuye a su formación.

El ciclo del aprendizaje de los Elmers

A la luz de la investigación educativa y de las teorías revisadas en el Capítulo 3, Duane y Muriel Elmer han propuesto un ciclo del aprendizaje (Figura 4.1) que es más esclarecedor.[7] Hay muchos niveles de aprendizaje de los que el educador teológico tiene que estar consciente y que debe tener en cuenta a la hora de enseñar. Muchos educadores tienen la tendencia de enfocarse solo en un nivel de aprendizaje, y descuidan los otros. Este enfoque disparejo sobre el aprendizaje tiene serios efectos secundarios. De hecho, enfatizar *cualquiera* de estos niveles, descuidando el resto, tendrá consecuencias negativas.

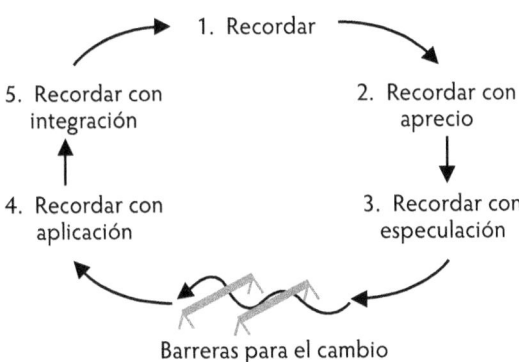

Figura 4.1: Ciclo del aprendizaje de los Elmers[8]

Nivel 1: Recordar

El nivel fundamental en la enseñanza y el aprendizaje es enseñar para recordar. Para marcar una diferencia en sus vidas, nuestros estudiantes necesitan ser capaces de recordar las verdades que les enseñamos. Algunos educadores que enfatizan las habilidades del pensamiento crítico menosprecian la enseñanza

---

7. Duane H. Elmer y Muriel I. Elmer sirvieron en la facultad de educación de Trinity Evangelical Divinity School, Deerfield, IL, hasta su retiro en el 2012. Todos los materiales relacionados con el Ciclo del aprendizaje© tienen derecho de autor de Duane H. y Muriel I. Elmer (Investigación no publicada, Michigan State University, 1977). La presentación se usa aquí con el permiso de los autores.

8. Diagrama del «Ciclo del aprendizaje» ©1977, Duane H. Elmer y Muriel I. Elmer. Usado con permiso.

para producir un recuerdo, pero los alumnos primero tienen que ser capaces de recordar la verdad antes de poder entenderla o usarla. En cualquier cosa que enseñemos, empezamos por lo que se conoce, ya sea que enseñemos a las personas a ser pilotos de aviones, cirujanos o agricultores.

Para funcionar con efectividad las personas tienen que conocer información relevante. El Nivel I se refiere a ese aspecto en términos de la información importante que las personas tienen que dominar para llevar a cabo un trabajo específico. Sin embargo, el dominio de la información es solo el comienzo, y nunca debe verse como el fin de la educación.

En la educación seminarista, el Nivel I es un punto de comienzo especialmente importante porque Dios nos ha dado una revelación divina en las Sagradas Escrituras. Esto significa que la verdad que enseñamos posee autoridad y es totalmente confiable. Jesús les dijo a los maestros religiosos de su época que estaban equivocados porque «no conocen las Escrituras y no conocen el poder de Dios» (Mateo 22:29, NTV). Su primer problema era que no recordaban, «no conocen», lo que Dios había enseñado en las Escrituras. El salmista testifica: «En mi corazón he guardado tus dichos, para no pecar contra ti» (Salmo 119:11). Reconoce que debe ser capaz de recordar la Palabra de Dios si quiere beneficiarse de ella. Con el objetivo de beneficiarse de la verdad que enseñamos, nuestros estudiantes primero tienen que ser capaces de recordarla.

Nivel 2: Recordar con aprecio

Sin embargo, recordar la verdad no es el fin de la enseñanza o el aprendizaje. La verdad también tiene que valorarse. Muchos educadores creen que la parte «afectiva» del aprendizaje tal vez sea la más importante porque es una puerta abierta para continuar aprendiendo. El «afecto» tiene que ver con los sentimientos, la manera en que valoramos y respondemos a una clase, a la información que se transmite, al profesor. La Biblia llama a esto la respuesta del corazón. Los sentimientos negativos en una clase cierran la puerta a la continuidad del aprendizaje. En una clase puede haber un amplio rango de respuestas afectivas o sentimientos. Los alumnos pueden mostrar interés, aburrimiento, emoción, apatía, aprecio, o un amplio rango de otras respuestas.

Una importante respuesta del corazón es la convicción, la obra del Espíritu Santo a medida que conforma nuestra respuesta afectiva a la verdad que se presenta. La convicción es muy poderosa. Debemos estudiar y enseñar de tal manera que el Espíritu de Dios pueda usar su verdad para convencernos a nosotros y a nuestros alumnos de cosas que estamos haciendo que están mal («pecados de comisión») y de cosas que no estamos haciendo pero que deberíamos estar haciendo («pecados de omisión»).

Cuando los estudiantes salen de nuestras aulas con sentimientos de aburrimiento, apatía o frustración, la relevancia de la verdad que enseñamos podría perderse de vista. Es poco probable que valoren esa verdad o que hagan alguna otra cosa con ella. Cuando salen con sentimientos de interés, emoción y aprecio, por el contrario, se sienten estimulados para vivir de acuerdo a esa verdad, reflexionar sobre ella y obedecerla, e incluso para compartirla con otros.

Nivel 3: Recordar con especulación

Como profesores, queremos llevar a nuestros estudiantes más allá del aprecio; queremos que piensen en el significado de la verdad que recuerdan. Queremos ayudarlos a reflexionar, o «especular». Este nivel se llama «especulación», para enfatizar que no estamos desafiando a los alumnos a aplicar la verdad que enseñamos, sino solo a pensar en aplicarla. Esto es algo que podemos y debemos pedirles a nuestros estudiantes que hagan en el aula y en las tareas que les asignamos para fuera de la clase.

Cuando pensamos en la especulación, estamos haciendo la pregunta: «¿Y ahora qué?» Si esta verdad fuera tan importante como dicen, ¿cuál debería ser una respuesta apropiada? ¿Qué debo hacer con esta información? ¿Qué diferencia marca el hecho de que haya aprendido esta verdad? ¿Qué ajustes o cambios debe provocar en mi vida? ¿En mi conducta? ¿En mis relaciones? ¿En la práctica de mi fe cristiana?

Pensar o reflexionar sobre la verdad que aprendemos y recordarla es importante. Nos capacita para planificar sabiamente y para decidir la forma en que responderemos. También le da la oportunidad al Espíritu Santo de que guíe nuestros pensamientos y de que convenza nuestros corazones con respecto a nuestra respuesta a esta verdad. Pablo les dijo a los cristianos en Colosas: «Por eso, desde el día en que lo supimos, no hemos dejado de orar por ustedes. Pedimos que Dios les haga conocer plenamente su voluntad con toda sabiduría y comprensión espiritual, para que vivan de manera digna del

Señor, agradándole en todo. Esto implica dar fruto en toda buena obra, crecer en el conocimiento de Dios» (Colosenses 1:9-10). Este nivel tiene que ver con la voluntad de cambiar, de crecer, de seguir al Señor en obediencia. Como maestros, es importante que guiemos a nuestros estudiantes a este **punto de reflexión, especulación y decisión.**

Barreras para el cambio

Decidir hacer algo es la parte fácil. Debido a que Satanás no quiere que practiquemos nuestra fe cristiana, tratará de impedir que actuemos de acuerdo a la verdad de las Escrituras. Jesús enseñó que es «el malo» quien «arrebata lo que fue sembrado en [el] corazón» (Mateo 13:19). Además, hay cosas dentro de nosotros que nos impiden hacer cambios en nuestras vidas de acuerdo a la Palabra de Dios (Romanos 7:14-15). No es suficiente guiar a nuestros alumnos a especular acerca de la aplicación de la verdad de Dios, sino que también debemos desafiarlos a pensar en las barreras que podrían encontrar a medida que empiezan a actuar de acuerdo a sus decisiones.

Las barreras pueden adquirir muchas formas. El temor es una táctica común de nuestro enemigo. «Nunca he hecho esto antes. ¡Tal vez no puedo hacerlo!» «¿Qué tal si intento aplicar esta verdad en mi vida, pero fracaso?» La opinión de otros es otra poderosa barrera que muchos enfrentan. «La obediencia a esta verdad no es común en mi familia o entre mis amigos; ¿qué pensarán de mí?» «¿Se reirán otros de mí o me rechazarán?» La ocupación excesiva impide a muchos que hagan cosas que saben que deberían hacer. «Tengo tantas otras cosas que debo hacer antes de poder empezar a actuar de acuerdo a la verdad que conozco». Tenemos la intención de aplicar la verdad de Dios en nuestras vidas, pero con demasiada frecuencia no llegamos a hacerlo.

Mientras más específicamente podamos identificar las barreras que encontraremos, mejor podremos planificar cómo vencerlas. ¿Quién es el que probablemente se opondrá más a que actúe como he decidido hacerlo? ¿Cuál desaprobación me dolería más? ¿En qué momentos me sentiré más propenso a desanimarme? Este tipo de pensamiento requiere disciplina pero nos puede capacitar para planificar nuestras respuestas y mantenernos firmes en nuestra decisión de aplicar la verdad que hemos aprendido.

Ayudar a nuestros alumnos a identificar las barreras potenciales para aplicar la verdad de Dios es esencial a la hora de desarrollar estrategias para vencer esas barreras. Por tanto, identificar barreras es una extensión del Nivel 3: «Recordar con especulación». Primero especulamos con respecto a nuestra respuesta a la verdad de Dios, luego acerca de las barreras que Satanás puede erigir para impedirnos obedecer la verdad y, por último, cómo podemos vencer esas barreras. Decidimos lo que necesitamos hacer con respecto a la verdad que hemos aprendido y decidimos cómo responderemos cuando encontremos las barreras que es probable que Satanás ponga en nuestro camino.

En la mayoría de los contextos, esto es lo más lejos que podemos guiar a los estudiantes en una clase. Los últimos dos niveles de aprendizaje tienen que ocurrir en el contexto de la vida.

Nivel 4: Recordar con aplicación

Este nivel de aprendizaje requiere que los estudiantes y los profesores empiecen a aplicar una verdad que Dios nos ha dejado clara. Es una decisión que toman nuestros estudiantes como resultado de lo que les ayudamos a hacer en el Nivel 3, lo que incluye ser realista con respecto a las barreras y a la manera en que lidiarán con ellas. Podría implicar una reorganización de nuestros valores y prioridades, cambiar la conducta, modificar las relaciones, tener diferentes patrones de respuesta, o la elección intencional de establecer nuevos hábitos. Es aquí donde la verdad impacta la vida. Es decidir hacer lo que sabemos que es correcto a la luz de la verdad que conocemos y aplicamos. Afortunadamente, esto es lo que Dios desea para nosotros y, por tanto, su gracia nos capacita para hacerlo.

Las Escrituras son enfáticas en su llamado a obedecer la verdad, con el objetivo de aplicarla en nuestras vidas. Santiago repetidamente llama a los cristianos a «ser hacedores de la palabra [es decir, el mensaje acerca de la verdad de Dios] y no solamente oidores» (Santiago 1:22-25; cf. 2:14-24; 3:13; 4:17). Pedro enseñó que «la obediencia a la verdad» purifica nuestras almas (1 Pedro 1:22); aplicar la verdad nos limpia y nos prepara para obedecer en otras áreas de la vida también. Juan enseñó la importancia de la coherencia entre las afirmaciones verbales de los cristianos y su vida (1 Juan 3:18; cf. 1:5-7; 2:4-6; 2 Juan 4-6; 3 Juan 3-4). Conocer la verdad de Dios y no aplicarla priva a la verdad de su poder para transformar nuestras vidas y niega rotundamente la verdad que proclamamos.

Nivel 5: Recordar con integración

La integración es la práctica continua de la verdad, de modo que se convierte en una parte diaria de la vida de la persona. La verdad que nos disciplinamos a nosotros mismos a practicar en el Nivel 4 ahora se ha integrado completamente a la fibra de nuestro ser; esto es integridad. Nuestro conocimiento y proclamación de la verdad se convierte en nuestra práctica de la verdad. Nuestras vidas y nuestras palabras comunican el mismo mensaje. Es entonces cuando la verdad se vuelve formadora y transformacional.

No podemos permitirnos a nosotros mismos sentirnos satisfechos con lo que nuestros estudiantes han aprendido hasta que hayan hecho algo con la verdad que aprendieron. No podemos asumir que hemos enseñado hasta que haya habido algún cambio en la vida de las personas que han estado en nuestras aulas.

Hay muchos pasajes de la Escritura que hablan sobre amar la verdad de Dios, conociéndola, «usándola» (ver 2 Timoteo 2:15) y protegiéndola. Como hemos visto, las Escrituras ubican juntos el conocer la verdad y el aplicarla en nuestra vida. En la comprensión hebrea de la verdad y la vida, ambas son inseparables. No conocemos la verdad hasta que no hayamos actuado de acuerdo a ella. Se asume que conocer y hacer son una sola cosa.

Enseñar para transformar

En este capítulo hemos explorado las implicaciones de los descubrimientos de la investigación y las teorías tratadas en el Capítulo 3. A medida que crece nuestra comprensión con respecto a la forma en que aprenden los seres humanos y a los principios de la enseñanza y el aprendizaje, podemos ir más allá de la transferencia a nuestros estudiantes de la información que hemos adquirido y de nuestra comprensión sobre ella. En vez de solo transferir información, podemos empezar a ver las vidas y los ministerios de nuestros estudiantes transformados por la verdad de la Palabra de Dios y el poder de su Espíritu. Nos volvemos colaboradores de Dios en la formación de nuestros estudiantes para que ejerzan ministerios transformadores en los lugares a donde Él los llame.

5

Modelar el liderazgo transformador

Los fundamentos teológicos y educativos son guías muy valiosas a la hora de enseñar con el propósito de transformar las vidas y los ministerios de nuestros estudiantes. Ellos nos muestran qué enseñar y cómo enseñar. No obstante, incluso el proceso educativo mejor diseñado puede ser inefectivo si ignoramos «el Principio de Lucas 6:40». Lucas menciona las palabras de Jesús: «Todo el que haya completado su aprendizaje, a lo sumo llega al nivel de su maestro» (Lucas 6:40). El éxito o el fracaso de cualquier proyecto educativo dependen de la persona del profesor.[1] El profesor, no la asignatura ni los métodos, se encuentra en el corazón del proceso educativo. La efectividad del seminario depende de las vidas, los corazones, el ministerio y la dedicación del profesorado.

Jesús entendía esto. Como hemos visto, Jesús no solo enseñó la importancia de una vida de fe, de la oración, del amor altruista y de la santidad personal, sino que también modeló esas cualidades. La crítica más dura de Jesús se dirigió precisamente a los religiosos conservadores de su época, quienes tenían una teología correcta pero modelaban un liderazgo legalista, insensible e incongruente desde el punto de vista moral. Desenmascaró a los fariseos cuando les dijo: ¡Ay de ustedes, maestros de la ley y fariseos, hipócritas! Dan la décima parte de sus especias: la menta, el anís y el comino. Pero han descuidado

---

[1] Un recurso maravilloso para la reflexión personal o los debates de los docentes sobre el papel del profesor es el libro de Parker Palmer, *The Courage to Teach: Exploring the Inner Landscape of a Teacher's Life* (San Francisco: Jossey-Bass, 1998).

los asuntos más importantes de la ley, tales como la justicia, la misericordia y la fidelidad. Debían haber practicado esto sin descuidar aquello». (Mateo 23:23). En dos ocasiones, Jesús reprendió a estos líderes por sus valores invertidos, y les encargó: Pero vayan y aprendan qué significa esto: «Lo que pido de ustedes es misericordia y no sacrificios». (Mateo 9:13; 12:7). El problema de los fariseos no era la ignorancia de la ley de Dios; ellos la conocían muy bien. Por desgracia, no modelaron sus valores fundamentales.

Pablo también entendió el valor educativo del ejemplo personal. Fue muy explícito con la iglesia en Filipo, cuando escribió: «Pongan en práctica lo que de mí han aprendido, recibido y oído, y lo que han visto en mí, y el Dios de paz estará con ustedes» (Filipenses 4:9). A la iglesia en Tesalónica le escribió: «Ustedes mismos saben cómo deben seguir nuestro ejemplo.... día y noche trabajamos arduamente y sin descanso para no ser una carga a ninguno de ustedes... para darles buen ejemplo» (2 Tesalonicenses 3:7-9). A los cristianos en Corinto les escribió: «Imítenme a mí, como yo imito a Cristo» (1 Corintios 11:1).[2] Pablo también les encargó a Timoteo (1 Timoteo 4:12) y a Tito (Tito 2:7) que modelaran las verdades que enseñaban.

El poder de la vida de un maestro en la formación de la vida de los estudiantes se puede demostrar también con nuestra propia experiencia. Si piensas en el profesor que más has admirado, es probable que solo recuerdes una o dos cosas que dijo, pero es probable que no tengas ningún problema para describir de qué manera la vida de él o ella tocó la tuya.

Sin embargo, el efecto formativo de un ejemplo no se limita a los docentes, sino que los administradores y los trabajadores administrativos también modelan valores que los estudiantes observan y de los cuales aprenden. Una conferencia sobre el servicio bíblico puede verse grandemente disminuida, incluso anulada, por el encuentro de un estudiante con un profesor, un administrador, un bibliotecario, un secretario, un cocinero, o un jardinero que sea insensible y rudo. Resulta esencial, por tanto, reflexionar sobre las verdades y los valores que pretendemos enseñar y evaluar con humildad nuestra demostración de esas cualidades.

---

2. Para saber más sobre la forma en que Pablo modelaba la vida cristiana, ver también Hechos 20:35; 1 Corintios 4:16; y Filipenses 3:17.

Metáforas sobre el liderazgo bíblico

Cuando acudimos a las Escrituras en busca de instrucción sobre el liderazgo, encontramos tres metáforas dominantes. La Biblia se refiere a los líderes como administradores, siervos y pastores.[3]

Los líderes son administradores

A los líderes bíblicos se les ha confiado algo que pertenece a otra persona. Pablo tenía un profundo sentido de su responsabilidad de proclamar las Buenas Noticias y de ayudar a crecer en gracia a las iglesias de su época. Como líder de su equipo apostólico, Pablo escribió: «Así, pues, ténganos los hombres por servidores de Cristo, y administradores de los misterios de Dios. Ahora bien, se requiere de los administradores, que cada uno sea hallado fiel» (1 Corintios 4:1-2 RVR1960). Pablo le dijo a Tito que «el obispo sea irreprensible, como administrador de Dios» (Tito 1:7 RVR1960).

En el primer siglo del imperio romano, un administrador era un esclavo encargado de la administración de la casa de su dueño. De hecho, en el griego, la palabra que se traduce como «administrador» se deriva de la palabra casa. La administración de los asuntos del dueño de la casa era una actividad solemne por la cual el administrador tenía que rendir cuentas. Pablo adoptó esta metáfora como una descripción de su llamado y del llamado de todos los líderes de la iglesia. Tanto el Evangelio que se les ha confiado como la «casa de Dios» (es decir, la iglesia) en la que sirven pertenecen a Dios. La diligencia y la integridad son cualidades indispensables de un administrador.

Los líderes son siervos

La noche en que lo arrestaron, Jesús les reiteró a sus discípulos su instrucción más enfática con respecto al estilo de liderazgo que debe caracterizar a la iglesia. «Pero él les dijo: Los reyes de las naciones se enseñorean de ellas, y los que sobre ellas tienen autoridad son llamados bienhechores; mas no así vosotros, sino sea el mayor entre vosotros como el más joven, y el que dirige, como el que sirve. Porque, ¿cuál es mayor, el que se sienta a la mesa, o el que

---

3. Para una elaboración de estas metáforas, ver Ralph E. Enlow, *The Leader's Palette* (Bloomington, IN: Westbow, 2013), 3-11.

sirve? ¿No es el que se sienta a la mesa? Mas yo estoy entre vosotros como el que sirve». (Lucas 22:25-27 RVR1960; cf. Matt 20:25-28)

Jesús resalta dos características del liderazgo secular que eran muy conocidas en su época y en la nuestra. En primer lugar, los líderes seculares «se enseñorean» de sus asuntos. La palabra que se usa aquí es un término común que implica el ejercicio de una supremacía jerárquica, que asume una prioridad en la posición o el interés. Debemos resaltar que no es necesario que el liderazgo jerárquico asuma proporciones ofensivas para caer bajo las palabras de juicio de Cristo: «mas no así vosotros».

La segunda cosa que Jesús resalta acerca de los líderes seculares es que el autoritarismo se valora. La versión RVR1960 de la Biblia traduce la expresión «los que sobre ellas tienen autoridad son llamados bienhechores», pero la NVI «los que ejercen autoridad sobre ellos se llaman a sí mismos benefactores». Aunque el texto se puede leer, de manera legítima, de cualquiera de las dos formas, no es necesario discutir por nimiedades con respecto a la intención de nuestro Señor. Ambas traducciones proveen un cuadro preciso del liderazgo secular. Los líderes autoritarios defienden rutinariamente su dominio como beneficioso para sus súbditos. Resulta curioso que aquellos sometidos a un liderazgo autoritario tienden a atribuir pertinencia a este liderazgo también. Paulo Freire observó que los oprimidos tienen un «temor de ser libres» y encuentran seguridad en su opresión.[4]

A la luz de este ejemplo negativo, Jesús ofreció dos principios positivos para el liderazgo en su iglesia. Primero, Jesús dijo con respecto a su preocupación por el estatus: «El mayor entre vosotros debe ser como el menor». La postura relacional es una postura de humildad. Nadie designa rangos. En vez de reclamar supremacía, hay un compromiso de tratar a cada cual «con humildad, estimando cada uno a los demás como superiores a él mismo» (Filipenses 2:3 RVR1960).

El segundo principio que Jesús estableció se refería a una disposición para el servicio. «El líder debe ser como el que sirve». Si Jesús no nos hubiera provisto un modelo del liderazgo de servicio, tal vez estas palabras nos dejarían perplejos. Sin embargo, esta es exactamente la cualidad que mejor caracterizó su vida y su ministerio. «Yo estoy entre ustedes» diría, «como aquel que sirve».

---

4. Paulo Freire, *Pedagogy of the Oppressed* (Nueva York: Seabury, 1970), 31-32.

Aquellos que entrenamos a otros para el liderazgo en la iglesia de Cristo, hacemos bien en preguntar hasta qué punto nuestros colegas y nuestros estudiantes afirman que esto se cumple también en nuestro liderazgo.

Los líderes son pastores

Israel era una sociedad agraria en la que el papel de un pastor de ovejas resultaba familiar. La metáfora es significativa no solo por la claridad que brinda con respecto a las responsabilidades apropiadas de los líderes de la iglesia, sino especialmente por la luz que arroja sobre la forma en la que los líderes se relacionan con aquellos que sirven.

El escritor de Hebreos se refiere al Señor Jesús como «el gran pastor de las ovejas» (Hebreos 13:20), y Pedro emplea la expresión «Príncipe de los pastores» cuando habla de la segunda venida de Cristo (1 Pedro 5:4). Al hacer esto, ambos pasajes apelan al discurso de Jesús sobre el Buen Pastor (Juan 10) como el punto de comienzo de cualquier estudio sobre el pastorado cristiano.

Muchas características de la relación del pastor con las ovejas constituyen puntos clave de la enseñanza de Jesús en Juan 10. El pastor conoce a sus ovejas (v. 14), y sus ovejas lo conocen y confían en él (v. 3, 5). Él va delante de ellas (v. 4), lo que significa que las guía, lo que implica ser ejemplo y preocuparse por garantizar su seguridad. Por último, el pastor cuida de las ovejas sin egoísmo, considerando la seguridad y el bienestar de ellas, cuando sea necesario, por encima del suyo propio (v. 11). Esta autodescripción que hizo Jesús de su ministerio inevitablemente nos desafía a cada uno de nosotros, a quienes a veces nos llaman «pastores».[5]

Cuando Pedro escribió a los líderes de las Iglesias que estaban en toda la costa sur del Mar Negro, les encargó: «cuiden como pastores el rebaño de Dios que está a su cargo» (1 Pedro 5:2). Cuando escribió estas palabras, seguramente recordó la misma comisión que el Señor le dio a él en una conversación durante un desayuno al lado de otro mar (Juan 21:16). Resulta interesante, por tanto, notar las connotaciones que tenía esta comisión para Pedro. Afortunadamente, las menciona en esta epístola.

---

5. La palabra «pastor» se deriva de un término en latín que tiene que ver con el cuidado de las ovejas.

La tarea de pastorear, insiste Pedro, debe ser asumida «no por fuerza, sino voluntariamente» (1 Pedro 5:2). En este contraste, Pedro se enfoca tanto en las actitudes correctas como incorrectas que a veces se observan en los ministerios de todos los líderes de las iglesias. Como maestros y líderes de las iglesias, a menudo nos damos cuenta de que estamos cumpliendo nuestras funciones por un sentido de obligación y no voluntariamente. Al hacer esto, nos dice Pedro, hemos violado algo que yace en la esencia misma de lo que es un pastor.

Además, el pastor no debe hacer su trabajo «por ganancia deshonesta, sino con ánimo pronto» (1 Pedro 5:2). Muy a menudo esto se utiliza para afirmar el deseo de servir al Señor. No obstante, este no es el énfasis de la metáfora. ¡El pastor sirve a las ovejas! Las ovejas son tenaces, les gusta vagar, y a menudo huelen mal. El énfasis del texto, por tanto, es que la tarea del pastorado (que necesariamente implica servir a las ovejas) se asume con buen ánimo. El pastor no solo se caracteriza por poseer una actitud dispuesta, sino que también tiene un corazón dispuesto.

El tercer aspecto de la metáfora de Pedro sobre el pastorado es muy adecuado para la metáfora, pero se presenta como una palabra de juicio sobre gran parte del liderazgo de la iglesia en la actualidad. Como pastor, nos recuerda que una relación apropiada con las ovejas se lleva a cabo «no como teniendo señorío sobre los que están a vuestro cuidado, sino siendo ejemplos de la grey» (1 Pedro 5:3). Debido a que las ovejas no reconocen a los pastores falsos (ver Juan 10:5), Pedro tiende a ser muy severo con ellos. Parece que los traductores de la Biblia han investigado sus idiomas para encontrar palabras que sean lo suficientemente fuertes como para expresar las connotaciones de la descripción de Pedro del estilo de liderazgo de los pastores falsos. La RVR1960 lo traduce «no como teniendo señorío», la NVI dice «no sean tiranos», y la NTV, «no abusen de la autoridad». Pedro ofrece un claro recordatorio a aquellos que se relacionan con la iglesia de esa manera: las ovejas no son nuestras para que las tratemos como mejor nos parezca, sino que nos han sido confiadas. El patrón de liderazgo apropiado que Pedro contrapone es el liderazgo mediante el ejemplo. Aquí, una vez más, vemos el poder de la metáfora del pastor que va delante de las ovejas.

Las metáforas de administrador, siervo y pastor apuntan a un modelo de liderazgo que reconoce una autoridad superior a quien el líder deberá rendir cuentas. El rol del líder es buscar el bien de la comunidad con sensibilidad y cuidado por todos. Al hacer esto, el líder modela con humildad los valores a los que aspira la comunidad, proveyendo un ejemplo que el resto puede seguir.

El líder y la salud de la comunidad

Los líderes tienen un efecto formador en la cultura de su comunidad. El deseo de Dios para nuestras comunidades es *shalom*, una vida como Él la planeó. En una comunidad *shalom*, las personas «aprenden a hacer el bien; buscan el juicio, restituyen al agraviado, hacen justicia al huérfano, amparan a la viuda» (Isaías 1:17 RVR1960; cf. Amós 5:24; Miqueas 6:8). Pablo les encargó a los líderes de la iglesia en Éfeso lo siguiente: «mirad por vosotros, y por todo el rebaño en que el Espíritu Santo os ha puesto por obispos, para apacentar la iglesia del Señor, la cual él ganó por su propia sangre» (Hechos 20:28 RVR1960). Cuidar, fomentar y desarrollar la cultura de la comunidad es una de las más altas responsabilidades de un líder.

Muy relacionado con la búsqueda bíblica de *shalom* está el deseo de Dios por la unidad en la comunidad cristiana. Jesús oró para que todos sus discípulos fueran uno; para que hubiera unidad, cuidado mutuo, un mismo sentir (Juan 17:20-22), y dijo que el amor, la mutua priorización del bien del otro, debe ser la cualidad distintiva de su iglesia (Juan 13:35). Cultivar una cultura de amorosa unidad, por tanto, es una gran prioridad para los líderes cristianos.

Por esta razón, uno de los principales desafíos que un líder puede enfrentar es el conflicto en la comunidad cristiana. Cuando ocurre un conflicto, los cristianos occidentales enseguida van a Mateo 18, que parece prescribir un procedimiento para escalar la confrontación y lidiar con el conflicto.

> Si tu hermano peca contra ti, ve a solas con él y hazle ver su falta. Si te hace caso, has ganado a tu hermano. Pero, si no, lleva contigo a uno o dos más, para que todo asunto se resuelva mediante el testimonio de dos o tres testigos. Si se niega a hacerles caso a ellos, díselo a la iglesia; y, si incluso a la iglesia no le hace caso, trátalo como si fuera un incrédulo o un renegado. (Mateo 18:15-17)

De modo que el primer paso para lidiar con el conflicto es la confrontación personal con el ofensor. Si él o ella no responde con una disculpa y un cambio de actitud, el segundo paso es repetir la confrontación en presencia de testigos.

Una negación continua a responder de una manera positiva demanda la exposición pública y la confrontación. Si la persona todavía no se arrepiente, el último paso es la exclusión del ofensor de la comunidad. En las culturas individualistas, que adjudican poco valor al honor personal y a la aceptación por parte de la comunidad, este procedimiento parece apropiado.

Sin embargo, este enfoque resulta problemático en las culturas donde la aceptación por parte de la comunidad tiene un alto valor. Los cristianos en esas culturas tienen problemas con el procedimiento que se describe en Mateo 18. Como resultado, el conflicto entre los cristianos a menudo permanece sin solución y el testimonio de las iglesias en dichas culturas se ve comprometido.

Los líderes no deberían sorprenderse cuando ocurren conflictos entre los cristianos. Aunque la redención que Cristo compró es completa, disfrutaremos esa plenitud solo en el cielo. Hasta entonces, los efectos de la caída de Adán continúan afectándonos. El conflicto puede surgir debido a simples malentendidos, debido a una información incompleta, a errores honestos, o a respuestas diferentes a circunstancias cambiantes. Casi nunca resulta útil llegar a la conclusión de que el conflicto se debe a motivos deshonestos o impuros de la parte que ofende.

Elmer ha señalado que la confrontación personal no es el único modelo bíblico para lidiar con el conflicto.[6] Cuando Nabal ofendió a David, Dios proveyó un mediador, Abigail, a quien David le dio el crédito por la resolución del conflicto y por disuadirlo de su intención de reaccionar de manera exagerada (1 Samuel 25:1–35). El uso de los mediadores para resolver un conflicto es común en las culturas comunitarias en todo el mundo. Para los cristianos en cualquier cultura puede resultar liberador el hecho de reconocer que Dios usa mediadores, así como la confrontación directa, para resolver los conflictos.

Cuando Amán ofendió y amenazó con extinguir a Ester y su pueblo, Ester no confrontó a Amán. Por el contrario, apeló a un rey pagano, reconociendo su vulnerabilidad y pidiendo protección (Ester 7:1–7). Hay momentos en los que Dios decide usar a aquellos en autoridad para librar a su pueblo, eliminando las amenazas y resolviendo los conflictos. Cuando se quebrantan las relaciones,

---

6. Duane Elmer, *Cross-Cultural Conflict: Building Relationships for Effective Ministry* (Downers Grove, IL: InterVarsity, 1993). Elmer ha elaborado e ilustrado las siguientes alternativas a la confrontación personal (65–133).

esta alternativa a la confrontación directa puede ser muy apropiada si el ofensor no es una hermana o un hermano cristiano.

El conflicto que Natán fue llamado a resolver era entre David y Dios (2 Samuel 11:26–12:7). David había pecado, lo que provocó que su relación con Dios se rompiera. Dios envió a Natán a confrontar a David. En vez de encarar a David con su pecado, Natán le contó una historia. David se encolerizó debido a la historia de Natán y emitió su juicio, pero muy pronto se dio cuenta de que se había condenado a sí mismo. Hay culturas en las que es común usar una historia para resolver el conflicto pero esto también puede ser un método apropiado y efectivo en cualquier cultura. Una historia que encierre la esencia de la ofensa puede aclarar el asunto sin atacar el honor o prejuzgar las motivaciones del ofensor. Una buena historia también expone la contribución de cada parte a la ruptura relacional.

Simei ofendió a David cuando huyó de Absalón. En vez de ayudar a David, o incluso de ignorarlo, Simei lanzó maldiciones sobre David cuando huyó de Jerusalén (2 Samuel 16:5-14). Sin embargo, cuando Abisai se ofreció para lidiar con la ofensa de Simei, David respondió aceptando la ofensa y dejando su defensa a Dios.[7]

Hay momentos, en especial si otros esfuerzos han fallado, en los que un cristiano actúa con sabiduría simplemente soportando la ofensa y confiando en que Dios será su protector y juez. En el mundo y en la iglesia se evitarían muchos conflictos si las personas no asumieran la responsabilidad por lidiar con cada asunto hasta que reciban la justicia que creen que merecen. Dios conoce la verdad. Pablo les recuerda a sus lectores romanos y a nosotros que Dios es el responsable de la justicia, no nosotros (Romanos 12:19-21).

Cuando los líderes promueven el *shalom* y resuelven los conflictos dentro de la comunidad, tienen un impacto constructivo en la cultura de esa comunidad. La cultura de la comunidad, en cambio, forma las vidas de los miembros de la comunidad, individual y colectivamente. Esta conformación de la cultura es un importante aspecto del liderazgo.

---

7. Aunque David respondió bien en ese momento, tristemente más adelante asumió la responsabilidad por lidiar con la ofensa de Simei. En su lecho de muerte, le pidió a Salomón que ejecutara a Simei (1 Reyes 2:8-9).

El liderazgo y el poder

Si el conflicto interpersonal se encuentra entre los retos principales que enfrenta un líder, entonces el abuso de poder está entre las mayores tentaciones que tendrá. El poder es la capacidad de efectuar un cambio. Nada afecta las relaciones en una comunidad de manera más directa, tanto para bien como para mal, que la forma en que se ejerce el poder. Como cristianos, nuestra principal obligación es entender y reflejar la actitud de Dios hacia el poder, y usarlo de la manera en que se revela en la Biblia.

El poder en sí mismo no es bueno ni malo; Dios es todopoderoso. Sin embargo, los humanos caídos encuentran el poder atractivo y adictivo. Además, son propensos a emplearlo (con bastante frecuencia) de un modo abusivo.[8] No hay necesidad de renunciar al poder, pero este tiene que administrarse bien.

Jesús rechazó las tentaciones de Satanás de emplear el poder para su propio beneficio (Mateo 4:3-4), de tener poder político[9] (Mateo 4:5-7), y de adquirir el poder absoluto de ser dueño de todo (Mateo 4:8-9). En vez de establecerse en Jerusalén, el centro religioso y político de la nación judía, Jesús eligió vivir en Capernaum, un remoto pueblo de pescadores (Mateo 4:13). El enfoque primario de su ministerio fue Galilea (Marcos 1:37-38), conocida coloquialmente como «Galilea de los gentiles». En vez de pedir a aquellos cuyas vidas tocaba que esparcieran su fama, una y otra vez les pidió que no se lo contaran a nadie.[10] Esto confundió incluso a sus hermanos (Juan 7:1-9). Cuando sus discípulos discutieron sobre quién era el mayor, es decir, quién entre ellos tenía el mayor poder y autoridad, condenó sus aspiraciones de grandeza y los retó a imitar su ejemplo de humildad y servicio (Lucas 22:25-27; cf. Mateo 20:25-28).

---

8. Para una mayor compresión de este tema, ver Andy Crouch, *Playing God: Redeeming the Gift of Power* (Downers Grove, IL: InterVarsity, 2013).

9. Debajo del pináculo estaba la plaza del templo. Los judíos del primer siglo tenían muy claro que las Escrituras prometían que vendría un Mesías que establecería un reino eterno cuyo centro sería Jerusalén. ¿Qué podría haber resultado más atractivo que ver a alguien descender en la plaza del templo, aparentemente del cielo, así como Elías había ascendido? Si Jesús hubiera descendido, como Satanás sugirió, de inmediato lo hubieran reconocido como el Mesías prometido. Su popularidad habría sido instantánea y su poder político no hubiera encontrado rival.

10. Ver Mateo 9:30; 12:15-16; Marcos 1:42-44; 5:43; 7:36; 8:26. La opción de Jesús de usar el poder para servir y empoderar a otros, en vez de para servirse a sí mismo, resuelve este misterio, que los eruditos llaman «el secreto mesiánico».

Dios es todopoderoso pero no se ha reservado todo el poder para sí mismo. Cuando creó a los humanos a su imagen, también nos dio poder. Dios es el creador de todo lo que existe, no obstante, nos invita a compartir su actividad creadora a medida que nos reproducimos y poblamos el mundo que creó. Creó todas las plantas y los animales, pero nos invita a cuidar la tierra y administrar su belleza. Dios nos ha revelado la verdad sobre sí mismo, sobre nosotros y sobre cómo debemos vivir, pero nos encarga a nosotros que enseñemos a nuestros hijos y que ordenemos nuestra sociedad. Dios cuida del necesitado, pero nos invita a participar en su cuidado. Dios ha provisto redención suficiente para todas las personas, pero nos encarga a nosotros la tarea de llevar estas Buenas Nuevas al mundo. Dios no solo nos invita a participar en su obra, sino que también nos da el poder para hacer el trabajo que nos encarga que hagamos.

Las Escrituras muestran, de manera consistente, que Dios usa el poder de dos formas principales: Dios comparte su poder con sus criaturas, y Dios usa su poder para servir. Jesús vino a revelar el carácter de Dios y su deseo de tener una relación con sus criaturas (Juan 1:18). Podemos entender cómo se usa el poder de Dios cuando observamos a Jesús. Jesús enfrentó la misma vida que nosotros (Hebreos 2:17) y demostró el poder divino que está disponible para nosotros a través de la oración, la fe y el Espíritu Santo.[11] Jesús ejerció este poder para sanar a los enfermos, echar fuera demonios, alimentar a los hambrientos y resucitar a los muertos. Jesús usó este poder para servir a otros. Cuando lo amenazaron en el Jardín de Getsemaní, se negó a acudir a los poderes espirituales para salvarse a sí mismo (Mateo 26:53-54); se dio a sí mismo por nosotros.

Jesús también distribuyó su poder a otros. Después de predicar el Reino de los Cielos, envió a otros a hacer lo mismo y les dio el poder para llevar a cabo este ministerio (Lucas 9:1-2; 10:1, 17). Después de levantarse de los

---

11. Cuando le pedían que explicara sus milagros, Jesús nunca hacía referencia a su omnipotencia divina. Por el contrario, cuando los discípulos le preguntaron por qué no pudieron sacar un espíritu inmundo de un niño epiléptico, Jesús les respondió que no habían podido porque el único recurso efectivo era la oración (Marcos 9:28-29). Cuando los discípulos se maravillaron de que Jesús calmó la tormenta en el mar, Jesús les dijo que ellos no lo habían podido hacer debido a su falta de fe (Lucas 8:22-25). Cuando le preguntaron cuál era la fuente de su poder para echar fuera demonios, Jesús atribuyó sus hechos al «dedo de Dios», es decir, el poder del Espíritu Santo (Lucas 11:19-20).

muertos, Jesús envió a sus discípulos a continuar su ministerio y les dio el poder para hacerlo (Juan 20:21–23). Jesús también les prometió que les daría poder para evangelizar al mundo entero (Lucas 24:49; Hechos 1:8), promesa que se cumplió de manera dramática el Día de Pentecostés (Hechos 2:1–41).

Como maestros y modelos para nuestros estudiantes, Dios nos llama a seguir el ejemplo de nuestro Señor. Debemos administrar el poder que poseemos, asumiendo el papel de siervo y usando nuestras capacidades para servir y empoderar a otros.

La vida espiritual del líder

La obra de Dios es la transformación de las vidas. Por su gracia nos llama a ser sus siervos y nos usa como instrumentos, pero no podemos hacer la obra de Dios por nuestra propia fuerza. La efectividad en el ministerio es el resultado de la familiarización con la Palabra de Dios y la intimidad personal con Él. Si queremos que los graduados de nuestros seminarios produzcan cambios transformadores en la iglesia y las comunidades donde ministren, tienen que ser hombres y mujeres que conozcan a Dios de manera íntima.

La intimidad espiritual no ocurre de manera natural. El mundo, la carne y el diablo se oponen al crecimiento en gracia, en santidad y a la efectividad en el ministerio. La intimidad espiritual se tiene que cultivar; requiere tiempo y un compromiso intencional. Si queremos que los ministerios de nuestros graduados lleven el poder transformador de Evangelio a las vidas de las personas en sus comunidades, tenemos que proveer un ambiente que cultive la disciplina espiritual.

No podemos guiarlos a un lugar a donde no hemos estado. A menos que seamos hombres y mujeres que conocemos al Señor íntimamente y que practicamos las disciplinas que pretendemos cultivar en nuestros estudiantes, nuestros esfuerzos no tendrán éxito. El Principio de Lucas 6:40, que se menciona arriba, es dolorosamente evidente en demasiadas de nuestras escuelas. Los miembros del profesorado que persiguen la erudición por encima de todo, la inflación de su estatus en el ministerio, o que tienen otras preocupaciones que afectan su vida espiritual, gradúan estudiantes cuyas vidas espirituales son superficiales y cuyos ministerios carecen de poder divino. Para cumplir nuestro llamado de equipar a otros para el ministerio, primero tenemos que cultivar nuestra propia vida íntima con Cristo.

Es muy reconfortante saber que esa es la intención de Dios para nosotros. Si pensamos en el motivo por el que Dios creó este universo, la única razón posible es que Él eligió crearlo. Ciertamente no necesitaba crearlo; es y siempre ha sido completamente libre de la necesidad de cualquier cosa fuera de sí mismo. En la Trinidad, incluso la necesidad relacional se satisfice en el amor y la comunicación eternos que comparten el Padre, el Hijo y el Espíritu Santo. En algún momento en la eternidad pasada, sin embargo, Dios decidió expandir ese círculo de relación eterno creando otros como sí mismo, otras personas a quienes pudiera amar, con quienes pudiera comunicarse, a quienes pudiera amar con libertad y que, a su vez, también se pudieran comunicar con Él. Es específicamente para cumplir ese deseo que tú y yo y cada persona existe en este planeta.

Dios desea una relación íntima y personal con usted y con cada uno de sus estudiantes. Desea que provea un modelo de madurez espiritual y de intimidad que sus estudiantes puedan emular. También desea que la comunidad de nuestros planteles y de su iglesia refleje la unidad relacional de la Trinidad.

Los cristianos evangélicos entienden la necesidad de las Escrituras para la salud espiritual, y se relacionan con las Escrituras de diferentes maneras. La «lectura rápida» ofrece una idea general, desarrolla familiaridad con la riqueza de las Escrituras. Podemos leer todo un libro de una sola vez o adoptar un plan para leer toda la Biblia en un año. La «lectura analítica» busca discernir el significado de un pasaje determinado. Se trata de un estudio bíblico serio; emplea los métodos de la introducción bíblica (el estudio de los autores, el contexto histórico, el momento y la fecha de un pasaje, y su lugar dentro del progreso de la revelación) y la exégesis (el estudio gramatical de un pasaje y el estudio de las palabras, a la luz del contexto inmediato y del contexto más amplio). La «lectura temática» tiene como objetivo conocer las enseñanzas de las Escrituras sobre un asunto o tema determinado y ver su relación con otras partes de la revelación bíblica. Este es el estudio teológico; sigue el hilo de un asunto o un tema en los escritos de un autor o de un género determinado (lo que a menudo se denomina teología bíblica) o a lo largo de toda la revelación bíblica (el enfoque de la teología sistemática).

Estos enfoques de la lectura de la Biblia son los que casi siempre se enfatizan en los seminarios evangélicos. Esto es apropiado, ya que una comprensión exacta y fiel de la Palabra es esencial para todos los líderes del ministerio, con el objetivo de evitar los errores y enseñar la verdad. Sin embargo, es importante notar que la «lectura rápida», la «lectura analítica» y la «lectura temática» se enfocan en la adquisición de información y el desarrollo de la comprensión. Dios desea que comprendamos su verdad revelada con exactitud, pero su intención es que esa comprensión sea instrumental —debe conducir a la obediencia, a la formación de un carácter como el suyo (es decir, la mente de Cristo) lo que, a su vez, debe conducir a la intimidad con Dios.

Un cuarto método de lectura de la Biblia es la «lectura atenta». En la lectura atenta, el único propósito es encontrarse con Dios, escuchar su voz a medida que me habla en el día de hoy. Acudimos a las Escrituras como el medio principal por medio del cual Dios se revela a sí mismo, por medio del que se relaciona con nosotros de manera individual, y por medio del que habla a nuestras vidas.

La lectura atenta es la actividad principal de los cristianos místicos. Cuando la lectura atenta no está informada por una comprensión más amplia y profunda de la Palabra de Dios, puede conducir a errores no bíblicos. El temor de dicho abuso ha conducido a los cristianos evangélicos a evitar, e incluso, a desalentar el uso de la lectura atenta. Con demasiada frecuencia, en el proceso, nos hemos conformado con una comprensión correcta de la verdad de Dios a expensas de la intimidad con Dios que nuestras almas anhelan y que Dios mismo desea. En los últimos años, sin embargo, algunos evangélicos han redescubierto el valor de la lectura atenta de la Biblia.[12]

---

12. Los cristianos clásicos, antiguos y modernos, incluyen a Agustín, Bernard de Clairvaux, Thomas á Kempis, Juan Bunyan, Andrew Murray, A.W. Tozer y Dietrich Bonhoffer. Los miembros del profesorado y los estudiantes pueden consultar también obras muy útiles de Richard Foster, *Celebration of Discipline: The Path to Spiritual Growth*. 3ra edición. (New York: HarperCollins, 1998); Eugene Peterson, *Eat This Book: A Conversation in the Art of Spiritual Reading* (Grand Rapids: Eerdmans, 2006); Dallas Willard, Trilogy: *Hearing God: Developing a Conversational Relationship with God* (2012); *The Spirit of the Disciplines: Understanding How God Changes Lives* (1999); y *The Divine Conspiracy: Rediscovering Our Hidden Life in God* (1998 all Downers Grove, IL: InterVarsity); M. Robert Mulholland, Jr., *Invitation to a Journey: A Road Map for Spiritual Formation* (Downers Grove: InterVarsity, 1993); y Brian K. Rice, *The Exercises, Volume One: Conversations* (York, PA: Leadership ConneXtions International, 2012).

La lectura atenta no puede ser obligatoria, pero puede ser modelada y debatida. La importancia de la intimidad con Cristo en la vida del cristiano debe enfatizarse a lo largo de todo el currículo y la vida de nuestras escuelas. Los miembros del profesorado deben hablar abiertamente y con frecuencia acerca de la importancia de la lectura atenta en su propio andar con Cristo. La administración de la escuela debe asegurar que se incluya literatura útil sobre la espiritualidad cristiana en la biblioteca y los profesores deben hacerse el propósito de recomendar a los estudiantes libros que promuevan el desarrollo espiritual.

Los miembros del profesorado también se pueden ofrecer para servir como mentores en la disciplina de la lectura atenta y en la formación de la vida espiritual.[13] No obstante, para hacer eso de manera efectiva se requiere tiempo; es poco probable que suceda si los miembros del profesorado están sobrecargados con cursos y responsabilidades administrativas. Una alternativa podría ser que la escuela reclutara pastores y graduados del área que estén de acuerdo en ayudar en la preparación de una nueva generación de ministros, sirviendo como mentores espirituales para los estudiantes. Si la escuela solicita ayuda en este sentido, también debe proveer entrenamiento y reconocimiento para aquellos que sirvan como mentores espirituales.

Currículo explícito, currículo implícito y disonancia curricular

En los capítulos siguientes, vamos a hablar sobre un proceso para crear currículos para la educación transformacional. Es importante reconocer, no obstante, que cada escuela tiene más de un currículo y que algunas escuelas tienen muchos. El currículo publicado —la lista de cursos, estudios y conferencias que se ofrecen, más la experiencia que se requiere— constituyen el «currículo explícito» de la escuela. Es claro, conocido y requerido; las desviaciones del currículo explícito tienen que ser formalmente aprobadas por el liderazgo académico de la escuela.

---

13. Para una guía sobre la función de los mentores espirituales, ver Keith R. Anderson y Randy D. Reese, *Spiritual Mentoring: A Guide for Seeking and Giving Direction* (Downers Grove, IL: InterVarsity, 1999).

Paralelo al currículo explícito se encuentra el «currículo implícito».[14] El currículo implícito está compuesto por los muchos factores que conforman la vida y el aprendizaje del estudiante, además del currículo explícito. Estos incluyen la ética de la escuela, la cultura del campus o de la comunidad de aprendizaje y los valores que deben modelar los miembros del profesorado, los administradores de la escuela y el personal administrativo.

Cuando el currículo explícito y el currículo implícito están alineados, el efecto educacional se maximiza. Cualquier divergencia entre el currículo explícito y el currículo implícito, sin embargo, crea una disonancia que disminuye la efectividad del currículo explícito y de la misión declarada de la escuela.

Un axioma educacional afirma que el currículo implícito siempre es más poderoso que el currículo explícito. Con independencia de las lecciones que se enseñen en las aulas, los estudiantes seguirán el ejemplo de sus profesores en vez de sus palabras. Esta realidad soberana subraya la urgencia de un compromiso de todo el campus de educar para transformar las vidas y los ministerios. En las oficinas, las aulas y la cocina de una escuela, el liderazgo es importante.

A un grado más profundo, los currículos primarios de nuestras escuelas no son aquellos que publicamos; los profesores son el currículo. Es la forma en la que manejamos la Palabra de Dios. Es la forma en que nos relacionamos unos con otros, con nuestros estudiantes y con otras personas dentro y fuera del campus. Es la forma en que nos relacionamos con la iglesia de Cristo. Es la forma en que nos relacionamos con el mundo no cristiano que nos rodea. Ese es el currículo más importante y más efectivo de nuestras escuelas. El currículo explícito es importante esencialmente como un medio a través del cual comunicamos a nuestros estudiantes quiénes somos y con qué estamos comprometidos. ¡Los profesores *son* el currículo!

---

14. El currículo implícito a menudo se conoce como «el currículo escondido», un constructo que propuso inicialmente Philip Jackson (Life in Classrooms [New York: Holt, Rinehart and Winston, 1968]). Sin embargo, ese término puede ser confuso, ya que puede sugerir que ese currículo se promueve a escondidas o que tiene una intención retorcida. Ese nunca fue el significado planeado y el simple contraste entre explícito e implícito es mucho más provechoso.

6

Papel de las partes interesadas en el desarrollo del currículo

Para que la educación ministerial sea verdaderamente transformacional, no es suficiente que algunos profesores empleen métodos de enseñanza interactivos y dialógicos o que modelen las verdades que enseñan. La búsqueda de la educación ministerial que transforma debe ser un compromiso de todos los profesores, quienes deben comprometerse intencionalmente, con propósito y de todo corazón.

Los enfoques tradicionales para el desarrollo curricular, aquellos que brindan titularidad al profesorado y se basan en los planes de estudio de instituciones pares, no pueden generar una educación ministerial transformacional. La escolaridad del profesorado es valiosa, un activo que debe ser administrado en beneficio de la iglesia, pero las pasiones educativas de la academia generalmente difieren de los enfoques de la iglesia y de los ministerios con la comunidad. Los planes de estudio desarrollados exclusivamente por académicos producen académicos, incluso cuando sus intenciones son diferentes. No es casualidad que muchos estudiantes ingresen al seminario con una pasión por el ministerio y se gradúen con una pasión por la erudición y una carrera en la enseñanza.

Para cambiar este efecto no deseado que tienen nuestros programas del seminario, el desarrollo curricular debe realizarse en colaboración con la iglesia. Son las partes interesadas del seminario, las iglesias y los ministerios que lo integran, quienes están íntimamente comprometidas y conscientes de aquellos ministerios para los cuales se debe preparar a los estudiantes. Los miembros de la junta directiva del seminario tienen la responsabilidad legal de definir la misión y los valores de la escuela. Sin embargo, tradicionalmente, el rol de la junta directiva en la determinación de los planes de estudio, el medio más directo por el cual se persigue esa misión y se transmiten esos valores, ha sido insignificante.

Invitar a las partes interesadas del seminario, a su junta directiva y a sus administradores a colaborar en el desarrollo del currículo del seminario es entregar un privilegio que el profesorado tradicionalmente ha custodiado y valorado. El desarrollo colaborativo del currículo implica entregar el poder para determinar lo que enseñaremos. Como hemos visto, el poder es adictivo. Siempre se opone resistencia a la entrega del poder, sin embargo, este es el camino del servicio. Si los seminarios van a servir a la iglesia, como típicamente profesan nuestras declaraciones de misión, debemos elegir el camino del desarrollo colaborativo de los planes de estudio que vamos a enseñar.

Esto no sugiere que el profesorado no tenga un rol en el desarrollo del currículo. La colaboración es diferente a la desvinculación o la abdicación. De hecho, el profesorado tiene un papel fundamental que realizar para el cual las partes interesadas y las juntas directivas están mal equipadas. El profesorado permanece íntimamente comprometido, pero la tarea se comparte y los roles se redefinen. Este capítulo y el siguiente ofrecen un enfoque para desarrollar planes de estudio que pueden orientar el seminario hacia la iglesia y que pueden crear un entorno en el que la educación ministerial transformacional se convierta en una realidad.[1]

Esclarecer la misión del seminario

El punto de partida en la planificación educativa transformacional es esclarecer la misión del seminario. En esa tarea, el consejo directivo del seminario es el actor principal. La mayoría de las escuelas y seminarios bíblicos tienen una declaración de misión, pero con demasiada frecuencia la declaración ha sido

---

1. Una versión temprana y menos desarrollada del enfoque para el desarrollo curricular descrito en este y el siguiente capítulo apareció en Robert W. Ferris, ed., *Establishing Ministry Training: A Manual for Programme Developers* (Pasadena, CA: William Carey Library, 1995), 23–49.

desarrollada como un instrumento de mercadeo en lugar de una declaración clara, concisa y convincente del propósito del seminario.

En lugar de ser una herramienta de mercadeo, es útil pensar en la declaración de misión como un llamado de Dios a ser administrado por la comunidad del seminario. La tarea debe abordarse con la información completa, pero también con una oración ferviente. Si nuestro propósito es ser y modelar una comunidad divinamente guiada en la búsqueda del llamado de Dios, entonces la oración es el contexto esencial para cualquier discusión sobre el llamado de Dios y nuestra misión.

Un enfoque fructífero para determinar la misión del seminario es observar los grupos a los que pretende servir el seminario. ¿Están bien dirigidas estas congregaciones, sus estructuras denominacionales o asociativas, así como el ministerio de la iglesia y las agencias misionales? Muchas instituciones de capacitación ministerial buscan servir a una comunidad evangélica más amplia de iglesias y ministerios paraeclesiásticos. En tales casos, es útil centrarse en algunas iglesias y ministerios específicos con los cuales el seminario está más estrechamente relacionado para que no se pierdan reconocimientos importantes en una gran cantidad de mensajes diversos.

Otro factor para determinar la misión del seminario es observar a los recién graduados de la escuela. ¿Dónde están sirviendo? ¿Como están? ¿En qué áreas les sirvió mejor su capacitación y en cuáles desearían haber recibido una mejor preparación? Si la declaración de misión de la escuela no describe el ministerio de la mayoría de los graduados o si muchos graduados reportan brechas significativas en su aprendizaje, entonces la declaración de misión debe ajustarse o el currículo de la escuela debe alinearse con la misión de la escuela.

Actualmente en el mundo, muchas iglesias funcionan con un liderazgo capacitado de forma inadecuada. No es necesario abrazar o respaldar un paradigma clerical para reconocer que la falta de familiaridad del liderazgo con las Escrituras pone a la iglesia en peligro de error y confusión. Si la encuesta de la junta directiva sobre su iglesia y los ministerios de apoyo revela numerosos líderes sin capacitación o con poca capacitación, abordar esta falta puede ser la misión más importante del seminario.

La junta del seminario, en lugar del profesorado, debe cumplir la tarea de determinar las necesidades de los integrantes de la escuela. Una buena junta directiva está compuesta por hombres y mujeres que son líderes en la iglesia, los negocios, las profesiones y la comunidad. A menudo están más estrechamente relacionados con las comunidades que constituyen el seminario que los profesores a tiempo completo, y pueden estar menos influenciados por las alianzas académicas que los miembros de la facultad. La junta merece el apoyo total del profesorado, ya que asume la tarea de definir la misión del seminario.

Reclutar un Panel de partes interesadas

La claridad de la misión es importante. Sin embargo, el siguiente paso es identificar las características de un graduado que está equipado para ministrar, tal como lo prevé la declaración de misión. Las partes interesadas del seminario, sus iglesias, sus ministerios paraeclesiásticos y sus exalumnos[2], son los adecuados para desarrollar el perfil de un graduado ideal. Dado que no es práctico que participen todas las partes interesadas, se necesita un panel representativo de las mismas. Estos deben ser hombres y mujeres que sean cristianos modelo, profundamente comprometidos con los ministerios de las iglesias que conforman el seminario. Estos cristianos modelo deberán poseer las cualidades y habilidades que se requieren para desempeñarse eficientemente tal como se establece en la misión del seminario.

El Panel de partes interesadas tendrá una función muy importante; por lo tanto, se debe seleccionar con cuidado a los que formarán parte de este. La administración del seminario está mejor posicionada para manejar esta tarea. En conjunto con sus iglesias y ministerios, sus exalumnos, y el profesorado, el presidente del seminario, el director o el rector deben identificar y reclutar a las personas que formarán parte del Panel de partes interesadas. Si la misión de la escuela está bien enfocada, el panel no necesita ser grande; será suficiente

---

2. «Las partes interesadas» son todos aquellos que tienen una participación, es decir, quienes se ven afectados de manera beneficiosa o adversa por el seminario y sus graduados. Además de los grupos mencionados, los estudiantes y el profesorado son partes interesadas. Sin embargo, no deben estar representados en el Panel de partes interesadas. Los intereses de los estudiantes están mejor representados por la perspectiva madura de los exalumnos y las iglesias que forman parte del seminario. La contribución del profesorado al desarrollo del currículo del seminario es significativa, pero llega en un momento posterior del proceso. La participación prematura del profesorado puede sesgar el desarrollo del currículo en formas improductivas.

con seis a ocho personas modelo.³ Se debe ser cuidadoso para evitar designar a más de diez miembros para el Panel de partes interesadas, ya que esto suele complicar el trabajo del panel en lugar de acelerarlo.

Desarrollar un perfil de liderazgo ministerial

Una vez que se ha reclutado al Panel de partes interesadas, es necesario establecer una fecha para que el panel realice su trabajo, identificar un facilitador para la tarea de creación de perfiles y preparar un espacio de reunión para el panel. Se debe solicitar a los miembros del Panel de partes interesadas que dediquen un día completo para el trabajo del panel. Si fuera posible, es ventajoso comenzar una noche y continuar hasta el día siguiente. Aunque los miembros del panel pueden resistirse a dedicar tanto tiempo, no es prudente acortar el tiempo necesario para generar el perfil de un graduado ideal del seminario. Esta tarea es de suma importancia para el ministerio del seminario; merece la prioridad que exige.

El facilitador elegido para dirigir la tarea de creación de perfiles puede aumentar o disminuir la utilidad del perfil creado. Un miembro del personal de un programa de educación no formal en la región del seminario puede servir mejor a la escuela.⁴ Alternativamente, un miembro de la facultad de teología práctica de la escuela, es decir, un profesor de educación cristiana, teología pastoral o misiología, puede ser la mejor opción local para facilitar el ejercicio de elaboración de perfiles. La tarea del facilitador es gestionar y guiar el proceso sin influir en la forma del perfil resultante. Por lo general, el presidente de una escuela y los profesores que enseñan en otras áreas encuentran esto difícil.

Un aula o sala de reuniones puede servir bien para la tarea de elaborar los perfiles. Los interesados pueden sentarse en una mesa grande o en sillas dispuestas en un semicírculo. La tarea se llevará a cabo de manera colectiva, por lo que es importante que los miembros del Panel de partes interesadas tengan contacto visual entre ellos. Puede ser necesario un caballete con

---

3. Si la misión del seminario es compleja y requiere más de un programa, lo mejor es concentrarse en un programa a la vez, comenzando por el programa que aborde la necesidad más urgente para las iglesias que constituyen el seminario. Esperemos que este también sea el programa más grande del seminario.
4. Los asociados de GATE están entrenados para facilitar ejercicios de creación de perfiles.

papel para escribir, una pizarra blanca grande o un pizarrón y un suministro abundante de notas adhesivas. También pueden ser útiles una computadora y un proyector digital. Se necesita un asistente del personal para respaldar el ejercicio de elaboración de perfiles y para crear un registro del trabajo del Panel de partes interesadas.

Cuando se haya convocado al Panel de partes interesadas, puede comenzar el trabajo de desarrollar un perfil de liderazgo ministerial. El perfil describe las características (habilidades esenciales y carácter) del «graduado ideal» del seminario. Un graduado ideal es un estudiante que ha completado su curso de estudios y que, por lo tanto, está completamente preparado para servir a la iglesia y la comunidad según lo previsto en la declaración de misión del seminario. Dado que cada seminario tiene un llamado único de Dios y sirve a una comunidad única de personas, las características de un graduado ideal, aunque similares a las de otros seminarios en sus formas básicas, también serán únicas para cada escuela. Adoptar el perfil del graduado de otra escuela nunca es recomendable. Además de la singularidad de la misión de cada escuela, el ejercicio de elaboración de perfiles es beneficioso para aportar claridad práctica al mandato curricular de la facultad.

Establecer un contexto para generar un perfil de liderazgo ministerial

El facilitador debe crear un sentido de anticipación sobre el proceso de creación de perfiles. Es importante que los participantes sepan por qué participan en el ejercicio y qué resultado se espera. Se debe fomentar las preguntas y la discusión para que todos entiendan lo que se espera de ellos en la tarea de creación de perfiles. También puede ser necesario aclarar horarios y otros detalles administrativos.

Es desafortunado, pero cierto, que naturalmente nos enfocamos en los factores formales (académicos) y pragmáticos (habilidades) al identificar las cualidades para cualquier rol. Una técnica útil para establecer una perspectiva bíblica con respecto a las cualidades para el ministerio es pedir a los participantes que revisen 1 Timoteo 3:1–7, 2 Timoteo 2:24–25 y Tito 1:6–9, tres pasajes que describen las cualidades de un líder de la iglesia. Usando una pizarra, haga tres columnas paralelas y etiquételas «Conocimiento», «Habilidades» y «Carácter». La Figura 6.1 ilustra cómo se ven las columnas.

Conocimiento	Habilidades	Carácter

Figura 6.1: Tabla de muestra para las cualidades de un líder de la iglesia

Tomando los pasajes enumerados uno a la vez, invite a los miembros del panel, a leer en sucesión uno o dos versos e identificar el encabezado bajo el cual se debe incluir cada cualidad. (Dado que hay una duplicación entre estas listas, no es necesario reflejar la duplicación en la tabla).

Este ejercicio generalmente toma unos quince minutos, pero puede generar una discusión más larga. Los participantes reconocerán rápidamente que la mayoría de las cualidades del Nuevo Testamento describen el carácter del líder de la iglesia y, por lo tanto, caen en la tercera columna. El «conocimiento» casi no se menciona en estos pasajes. Si los participantes no han visto esto antes, desafiarán sus suposiciones acerca de las prioridades en la capacitación ministerial.

Una pregunta común se relaciona con la escasa mención a las cualidades relacionadas con el «conocimiento». Sería fácil (¡pero peligroso!) concluir que el conocimiento no es importante en el liderazgo espiritual. Una perspectiva más profunda reconoce que el conocimiento es dado por Dios, no como un fin en sí mismo (es decir, cuando «el conocimiento se envanece»), sino como un medio hacia la santidad y el ministerio. El conocimiento es importante debido a la forma en que Dios lo usa para dar forma a nuestras vidas y la forma en que nos permite usarlo en las vidas de otros. Por lo tanto, Dios desarrolla en nosotros las diversas cualidades del carácter enumeradas cuando llenamos nuestras mentes y corazones con su Palabra y cuando la obedecemos. Esto nos ayuda a entender el énfasis de la Biblia en «obedecer» o «practicar» la verdad.

Es esencial otro conocimiento para tener habilidades efectivas en el ministerio. Cada habilidad asume o requiere cierto conocimiento. Un médico debe saber mucho sobre el cuerpo humano, las enfermedades y los medicamentos para saber cómo tratar a los pacientes. Un lavandero debe conocer las características de los tejidos, tintes y manchas para saber cómo quitar una mancha sin destruir una prenda. Del mismo modo, un cristiano debe conocer la Palabra de Dios antes de que pueda saber cómo obedecerla o enseñar a otros a hacerlo.

El conocimiento típicamente se valora por una de dos razones. A veces el conocimiento se valora porque otorga prestigio o poder. Sin embargo, el elitismo y la demagogia son inconsistentes con las virtudes cristianas.

El conocimiento también puede ser valorado por su utilidad. Nos permite ser o hacer lo que de otra manera es imposible, tenga en cuenta las ilustraciones del médico y del lavandero mencionadas arriba. Así, el conocimiento tiene un valor instrumental. Esto no es despreciar una curiosidad viva, sino simplemente reconocer que satisfacer las curiosidades no es el propósito de los programas de capacitación ministerial. Nuestro propósito es equipar a líderes ministeriales que, a su vez, puedan equipar a otros.

Reconocer el valor instrumental del conocimiento, que nutre la santidad y facilita el ministerio, nos ayuda a entender la importancia de las calificaciones de «conocimiento» para el ministerio. Sin embargo, comprender que el rol y el valor del conocimiento es instrumental también aclara por qué el desarrollo curricular debe realizarse de forma colaborativa, involucrando tanto a los profesores del seminario como a sus partes interesadas. Las partes interesadas, específicamente, los cristianos modelo reclutados para el Panel de partes interesadas, son los más capaces para identificar las habilidades y cualidades de carácter necesarias para la eficacia en el ministerio. Los profesores del seminario, por otro lado, están mejor equipados para identificar el conocimiento que se necesita para el ejercicio efectivo de las habilidades identificadas y que el Espíritu Santo normalmente utiliza para cultivar las cualidades del carácter identificadas.

Si el ejercicio de elaboración de perfiles comienza por la noche como sugerimos, es apropiado y útil invitar al profesorado del seminario a unirse al Panel de partes interesadas para este examen de las cualidades bíblicas de un líder de la iglesia y para aclarar las funciones respectivas del Panel de partes interesadas y del profesorado del seminario. Sin prolongar la velada, puede ser alentador y saludable invitar a miembros del profesorado a orar por los miembros del Panel de partes interesadas que continuarán su trabajo al día siguiente.

Identificar áreas generales de cualidades

La tarea inicial del Panel de partes interesadas es identificar las habilidades y cualidades del carácter que se requieren para ser efectivos en el rol de liderazgo ministerial descrito en la declaración de misión del seminario. Esto se aborda mejor en un proceso de dos etapas.

Primero, se identifican las áreas de habilidades generales y las áreas del carácter, luego se analiza cada una de estas áreas generales para identificar competencias o cualidades específicas que demuestran o reflejan la característica identificada. Tenga en cuenta que la diferencia entre estas dos etapas se relaciona con el nivel de análisis, en lugar de con el tipo de actividad. Es importante, en este punto, que los participantes entiendan su tarea y se disciplinen a sí mismos para pensar en categorías amplias.

La forma más eficiente para identificar áreas de habilidades y del carácter esenciales para la eficacia en el ministerio es que los miembros del Panel de partes interesadas reflexionen sobre las cosas que hacen y las formas en que son desafiados a diario, mensualmente e incluso ocasionalmente. El contexto debe ser una sesión de «luz verde» o «lluvia de ideas» en la que se mencionen ejemplos sin comentarios ni preguntas. A medida que se mencionan actividades (áreas de habilidades) y desafíos (áreas del carácter), el asistente debe registrarlas en notas adhesivas o en una pizarra mientras el facilitador obtiene respuestas adicionales.

Es importante tener en cuenta que la experiencia de los participantes en el ministerio es el recurso principal y el enfoque de la sesión de «luz verde». La tarea no es eliminar las calificaciones bíblicas o discutir las implicaciones de los ejemplos que se ofrecen. Esta actividad se basa en la experiencia de los participantes para identificar áreas de cualidades. Preguntas como las siguientes pueden ayudar a los participantes a comenzar a identificar áreas de cualidades:

- ¿Qué cualidades y habilidades le permiten ser un líder eficaz en el ministerio?
- ¿Qué cualidades y habilidades distinguen a sus ministerios más efectivos?

Cuando esté terminando la sesión de «luz verde», debe revisarse la lista obtenida para estar seguros de incluir las ideas derivadas del estudio de las cualidades bíblicas.

El siguiente paso es dividir la lista en áreas generales de habilidades y del carácter. Si el asistente escribió en notas adhesivas cada elemento mencionado en la sesión de «luz verde», se pueden poner al azar en una pared o pizarra para que el grupo las observe. Luego, trabajando en grupo, los participantes deben agrupar elementos individuales para identificar distintas áreas de habilidades o del carácter. Una lista útil incluirá de seis a doce áreas de habilidades y un número similar de áreas del carácter. Si se identifica una mayor cantidad de áreas, el facilitador debe alentar a los participantes a explorar categorías más amplias que consoliden estas listas aún más, sin perder habilidades importantes o factores del carácter mencionados en la sesión de «luz verde».

El resultado será una lista mínima de áreas claramente identificadas en las cuales debe capacitarse a los futuros líderes ministeriales. Es importante que todos los participantes tengan la oportunidad de revisar la lista y de asegurarse de que se hayan incluido las áreas que consideran importantes. No es prudente continuar en el proceso de creación de perfiles si algunos participantes no están satisfechos con la lista de áreas de cualidades. Es mejor solicitar a todos los miembros del Panel de partes interesadas que expresen su aprobación de forma oral. Si el facilitador ha estado atento a los comentarios y preocupaciones expresados durante el proceso de consolidación, la aprobación se expresa rápidamente.

Identificar competencias específicas de habilidades y cualidades del carácter

El enfoque ahora cambia al análisis de competencias y cualidades específicas que evidencian cada una de las doce a veinticuatro áreas identificadas. Las competencias de habilidades y las cualidades de carácter deben expresarse como declaraciones de comportamiento observable. Finalmente, estas se ordenarán en un gráfico de perfil (Figura 6.2) con el área general a la izquierda y las competencias o cualidades específicas agrupadas a la derecha.

Cualidades o habilidades	Cualidades o competencias específicas		
Relaciones interpersonales	Aplica principios bíblicos a las relaciones	Escucha a los demás y responde adecuadamente	Maneja bien los conflictos interpersonales

Figura 6.2: Ejemplo de gráfico de perfil

Aunque no es importante el orden en que se consideran las áreas de cualidades, es aconsejable comenzar con un área de habilidad que parezca simple y directa. Aliente a cada miembro del Panel de partes interesadas a pensar en las competencias específicas necesarias en el área de habilidades seleccionada. Cuando se identifican áreas de habilidades y del carácter, es mejor emplear primero un procedimiento de «luz verde», y luego consolidar los elementos sugeridos para llegar a una lista manejable de competencias o cualidades que se incluirán en el perfil de un graduado ideal.

No es inusual que la actividad de «luz verde» genere veinte o veinticinco sugerencias para una sola habilidad o área del carácter. Luego estas deben agruparse y replantearse para tener de cuatro a ocho competencias de habilidades específicas o cualidades del carácter. Cada elemento debe expresarse en una declaración breve de comportamiento observable expresado con un verbo de acción.

Al considerar cada competencia de habilidad o cualidad del carácter propuesta deberá preguntarse: «¿Es esto observable? Si es así, ¿cómo?» Hacer estas preguntas ayudará al Panel de partes interesadas a afinar cada elemento de tal manera que sea útil en el diseño final de un currículo que reconozca o desarrolle la competencia o la cualidad.

Es importante tener en cuenta que la mayoría de las cualidades del carácter serán difíciles de articular en términos directamente observables, no obstante, pueden identificarse más fácilmente los comportamientos específicos que indican la presencia de estos rasgos. Por ejemplo, el elemento «semejanza a Cristo» es difícil de observar, pero los comportamientos que reflejan la semejanza a Cristo, como «Es considerado con los demás» o «Sirve a los demás fácilmente» son más específicos y observables. Un facilitador hábil ayudará al panel a encontrar el verbo y la expresión correcta para cada elemento.

El resultado de este ejercicio debe ser una lista de declaraciones breves debajo de cada área general de habilidad y del carácter que expresa evidencia observable de disposición para proporcionar el tipo de liderazgo ministerial identificado en la declaración de misión del seminario. Cada área puede tener entre cuatro y ocho competencias breves o declaraciones de cualidades del carácter. Si hay muchas más, es probable que el área sea demasiado amplia, y si se analiza con cuidado, se verá una subdivisión natural.

Después que hayan sido identificadas y enumeradas todas las competencias de habilidades y las cualidades del carácter específicas para todas las áreas, el panel debe revisarlas para asegurar que estén completas. Una competencia o cualidad puede ser eliminada de un área si está duplicada o si se puede reformular para expresarla más claramente.

La figura 6.3 es un perfil de un misionero indio ideal. Hemos elegido proporcionar este ejemplo porque es un perfil bastante diferente al de la mayoría de los graduados del seminario, pero es un ejemplo de un gráfico de perfil. La tarea del Panel de partes interesadas es desarrollar un gráfico similar que describa al graduado ideal de su seminario.

Áreas de habilidades	Competencias				
Se comunica eficazmente	Conversación fluida	Buen orador	Escribe de manera clara y eficaz	Mantiene un diario	
Construye relaciones	Entiende las personalidades	Acepta a otros	Escucha con atención	Maneja el conflicto	Delega responsabilidades
Se comunica interculturalmente	Expone el etnocentrismo	Adopta la cultura local	Aprenda el idioma local	Aprende la comunicación no verbal	Se identifica con las personas
Aprende un idioma	Reconoce la importancia	Hace amistades	Aprende nuevos sonidos	Imita la forma de hablar local	Persevera pacientemente
Evangeliza y predica	Expresa el amor cristiano	Discierne la disposición	Expone los errores	Aplica la Biblia	Métodos alternativos
Enseña y discipula	Dirige un grupo de estudio bíblico	Expone la verdad de forma sencilla	Se comunica claramente	Un líder que sirve a los demás	
Planta la Iglesia	Estudia el campo	Establece metas y objetivos	Evangeliza apropiadamente	Entrena a nuevos creyentes	Entrena en el evangelismo

Áreas del carácter	Cualidades					
Maduro espiritualmente	Discierne espiritualmente	Refleja el fruto del Espíritu	Se asemeja cada vez más a Cristo	Ama leer la Biblia		Comprometido con la iglesia local
Celo por el evangelismo	Tiene carga por los perdidos	Entregado a la oración	Da para las misiones	Gozoso en el sufrimiento		Tiene un estilo de vida sencillo
Disciplinado y responsable	Administra su tiempo y dinero	Controla su lenguaje	Digno de confianza	Sabe someterse		Ejerce la autoridad correcta
Adaptable	Deseoso de adaptarse	Aprendiz humilde	Positivo y esperanzador	Paciente		Valora otras culturas
Se relaciona correctamente con Dios	Obediente a Dios	Adora a Dios con devoción	Conoce la soberanía de Dios	Confía en la fidelidad de Dios		
Se relaciona correctamente con la familia	Cuida el tiempo de calidad familiar	Guía a la familia espiritualmente	Ejemplo de sinceridad y amor	Anima a la familia		
Se relaciona correctamente con la comunidad	Respetado por sus vecinos	Aprecia a los demás	Servicial	Empático		

Figura 6.3: **Cualidades para los misioneros indios**[5]

Aprobar el gráfico de perfil

Cuando el Panel de partes interesadas ha completado la identificación de las habilidades y las áreas del carácter necesarias para funcionar de manera efectiva como se indica en la declaración de misión del seminario, los miembros del panel pueden tomarse un descanso mientras el facilitador y el asistente elaboran el gráfico de perfil. Esto se hace creando dos tablas, una para las habilidades

---

5. Este perfil de muestra es un resumen abreviado del trabajo realizado por los participantes en un taller patrocinado por la Indian Missions Association celebrado del 21 al 23 de septiembre de 1992, en Chennai (antiguamente Madras), Tamil Nadu, India. El documento original aparece como apéndice C en Ferris, *Establishing Ministry Training*.

requeridas y otra para los rasgos de carácter requeridos. En cada tabla, las áreas de habilidades y las áreas del carácter se enumeran en la primera columna, una por fila. Las competencias o cualidades necesarias para emplear efectivamente esa habilidad o para manifestar esa cualidad se colocan a la derecha de cada área de habilidad o del carácter, como se ilustra arriba.

Cuando el gráfico de perfil esté listo para su revisión, los miembros del Panel de partes interesadas deben tener una oportunidad para realizar ajustes finales antes de su aprobación. Cualquier modificación solicitada debe hacerse con la aprobación de todo el panel. Repetimos que es importante solicitar el respaldo verbal o simbólico (por ejemplo, poniéndose de pie o firmando) de cada miembro del panel.

Cuando el gráfico de perfil ha sido aprobado, la tarea principal del panel está completa. En reconocimiento a su contribución, es apropiado proporcionar a cada miembro del panel una copia del perfil de un líder ministerial eficaz que ellos crearon. Antes de concluir la sesión, se debe informar al panel que se solicitará nuevamente su servicio para revisar y evaluar un plan de estudios preparado por el profesorado que está diseñado para abordar los objetivos de capacitación representados por el perfil que crearon.

7

Papel del profesorado en el desarrollo curricular

Un gráfico de perfil proporciona una imagen visual de la tarea de capacitación, pero no es un plan de estudios.[1] El desarrollo de un plan de estudios que equipe a los estudiantes que ingresan en el seminario para que funcionen en el ministerio según lo previsto en el perfil de un líder ministerial eficaz es responsabilidad de los profesores del seminario. Esta es una responsabilidad exigente que requerirá la participación plena y la colaboración sustancial entre todos los miembros del profesorado, guiados por el Espíritu Santo. Una comprensión profunda de la teoría y los métodos de educación transformacional, discutidos anteriormente, será invaluable para cumplir con esta responsabilidad.

Como hemos visto, el perfil de un graduado ideal identifica las competencias de habilidades y las cualidades del carácter necesarias para un liderazgo eficaz en el ministerio. En ese momento reconocimos la importancia

---

1. Los términos educativos se utilizan de manera diferente según las tradiciones de cada cultura. En algunos contextos, lo que hemos denominado «plan de estudios» o «currículo» se denomina «curso» y lo que denominamos «curso» se denomina «materia». Cuando utilizamos estos términos un «Plan de estudios» se refiere a todos los requisitos para obtener un certificado, diploma o título ofrecido por una escuela o, en entornos no formales, al plan completo para un taller o seminario. Si una escuela otorga más de un diploma o título, cada uno tendrá su propio plan de estudios. Cada plan de estudios consta de «cursos» que abordan las cualidades del carácter, habilidades y conocimientos de apoyo específicos para los cuales se diseñó el plan de estudios. Cada unidad dentro de un curso, generalmente de una a tres horas de duración, la denominamos «lección» y para cada lección desarrollamos un «plan de lección». Por lo tanto, un «curso» generalmente consiste en varias «lecciones» y un «plan de estudios» está compuesto por varios «cursos».

del conocimiento, pero notamos que el valor del conocimiento reside en su efecto instrumental. Les pedimos a los cristianos modelo que pospusieran la pregunta de lo que los estudiantes necesitan saber y que se enfocaran en identificar lo que deben ser y lo que deben ser capaces de hacer. Ahora es responsabilidad del profesorado emplear el perfil de un graduado ideal para desarrollar un plan de estudios que equipará a los estudiantes graduados para la eficacia en el ministerio.

Aceptar el perfil preparado por el panel de partes interesadas

Es importante que el profesorado resista la fuerte tentación de debatir la conveniencia y la exhaustividad de las competencias y cualidades incluidas en el perfil. Cuando el profesorado debate sobre las áreas de habilidades y del carácter incluidas en el perfil, devalúan el trabajo del Panel de partes interesadas. El propósito del panel era obtener una nueva perspectiva sobre la misión del seminario, una formada por cristianos modelo que experimentan diariamente las realidades del ministerio y que modelan las habilidades y el carácter que debe desarrollar el seminario. El debate se convierte fácilmente en un medio para promover nuestros propios intereses disciplinarios, polarizando al profesorado. Es vital que el profesorado reconozca que los cristianos modelo saben mejor qué competencias de habilidades y cualidades del carácter son necesarias y que el profesorado sabe cómo entrenar para lograr esos resultados. La integridad de la tarea del desarrollo curricular depende de que cada grupo respete el rol y la responsabilidad de los demás.

Aunque, como profesor, usted acepte el perfil creado por el Panel de partes interesadas, puede que no sea necesario enseñar todas las habilidades o desarrollar todas las cualidades del carácter identificadas en el perfil. Su estudiante típico ya puede tener algunas de las habilidades y cualidades del carácter deseadas al llegar al campus. Eso no es un problema. De hecho, mientras más nuevos estudiantes reflejen las características de su graduado ideal, mayor será su capacidad para desarrollar en ellos las capacidades y cualidades necesarias para la eficacia en el ministerio. Sin embargo, es probable que su típico estudiante nuevo solo tenga algunas de estas competencias de habilidades y cualidades del carácter. Esas cualidades que son comunes entre los estudiantes que ingresan pueden enumerarse como requisitos de ingreso para su programa de seminario. Cuando se especifica una competencia o cualidad como requisito de ingreso, ya no es necesario desarrollarla. Puede tacharla de la lista de cualidades que debe desarrollar. Las competencias de habilidades y cualidades del carácter restantes son los «Objetivos de su programa».

Identificar el conocimiento y la experiencia que se requieren para las competencias de habilidades

Las habilidades se obtienen a través de la instrucción y la práctica. Por lo general, el uso efectivo de habilidades también requiere conocimientos que apoyen o se requieran para usar la habilidad. Es educativo entender los enfoques alternativos al evangelismo personal y adquirir práctica al compartir el Evangelio bajo la guía de un mentor, pero también es necesario adquirir conocimientos que apoyen el compromiso evangelístico. Los evangelistas eficaces están familiarizados con los pasajes bíblicos sobre el arrepentimiento, la fe y el perdón, así como con las respuestas apologéticas a los problemas que comúnmente se plantean en el contexto de uno. Del mismo modo, otras competencias requieren conocimientos de apoyo. Sin tal conocimiento, es imposible la eficacia en el ministerio.

Cuando se identifica el conocimiento necesario para respaldar las competencias enumeradas, puede ser útil distinguir entre «información» y «principios», ya que se enseñan utilizando métodos diferentes. Necesitamos recordar la «información» (o recordar cómo acceder a ella), pero los «principios» (o «teoría», la estructura subyacente que revela la relación de múltiples hechos) deben elaborarse con evidencia y fundamento de respaldo.

El profesorado debe dedicarse a un área de habilidad a la vez. A medida que el profesorado aborde cada competencia enumerada para esa habilidad, debe preguntarse: «¿Qué tiene que saber el estudiante para poder hacer esto?» En esta pregunta, la palabra más importante es «tiene». Cuando se abra el tema de «objetivos de conocimiento» se abalanzarán sobre nosotros generaciones de tradiciones intelectuales que rápidamente sugerirán largas listas de conocimientos «importantes», que a menudo se asemejan con los currículos existentes.

El tema de los currículos tradicionales es complejo. Los desarrolladores de planes de estudio nunca pueden darse el lujo de ignorar la información simplemente porque forma parte de un plan de estudios tradicional. Sin embargo, es peligroso subestimar en qué medida las tradiciones intelectuales propias, aunque de manera inconsciente, configuran nuestros conceptos de entrenamiento y ministerio. Por esta razón, es apropiado recibir cada objetivo sugerido con una «hermenéutica de sospecha». Podríamos preguntarnos: «¿Es realmente necesario que los graduados sepan esto? ¿Por qué se necesita esto? ¿Qué capacidad de habilidad podrían desarrollar o demostrar los graduados sin este conocimiento?» Al probar cada objetivo de conocimiento propuesto con las competencias específicas, se puede asegurar la economía y el enfoque del currículo del seminario.

El desarrollo de habilidades también requiere práctica o experiencia guiada. Además de enumerar los conocimientos necesarios para abordar las competencias en el perfil de un graduado ideal, el profesorado también debe considerar el aprendizaje experiencial necesario para lograr un nivel apropiado de dominio en cada área de habilidades. Solo se desarrollarán las habilidades necesarias cuando el conocimiento se combine con la experiencia guiada.

En esta tarea el profesorado puede apoyarse en el uso de Hojas de trabajo de objetivos de formación (consulte la Figura 7.1). Para cada área de habilidades, deben aparecer en la primera columna las competencias específicas identificadas por el Panel de partes interesadas. En la segunda y tercera columnas, el profesorado puede enumerar el conocimiento y la experiencia necesarios para lograr y apoyar la competencia identificada. El conocimiento de las Escrituras, la literatura disciplinaria y las oportunidades de ministerio supervisado son recursos que el profesorado aporta a esta tarea. Este paso debe realizarse como un proceso creativo e interactivo en que participen todos los profesores. Solo cuando el profesorado aplica su conocimiento y sabiduría colectivos a la tarea, se puede llegar a objetivos de formación que son propiedad de todo el profesorado y que sirven bien a sus graduados y a sus ministerios constituyentes.

Papel del profesorado en el desarrollo curricular 105

Competencias de habilidades	Hoja de trabajo de objetivos de formación ÁREA DE HABILIDAD: Relaciones interpersonales	
	Conocimiento Requerido [Información y Principios]	Experiencias requeridas
• Aplica principios bíblicos a las relaciones	• Doctrina de la imagen de Dios en los humanos • Mateo 5–7 • Los patrones relacionales de Jesús • Romanos 13–16 • 1 Corintios	• Diario sobre la vida relacional en el campus, en la comunidad o en la familia • Discusión en grupos pequeños sobre relaciones y principios, anotaciones en el diario
• Escucha y responde adecuadamente	• Principios de escucha atenta • Principios de interacción apropiada	• Experiencia guiada (por ejemplo, juegos de roles o simulaciones) sobre la escucha atenta y la interacción apropiada
• Maneja bien el conflicto interpersonal	• Josué 22 • Mateo 18 • 1 Corintios 6 • Estrategias de resolución de conflictos	• Experiencia guiada (por ejemplo, juego de roles) sobre resolución de conflictos • Mantener un diario sobre resolución de conflictos en el campus, en la comunidad o en la familia

Figura 7.1: Hoja de trabajo de objetivos de formación

Identificar el conocimiento que fomenta las cualidades necesarias del carácter

Cuando se han identificado el conocimiento y las experiencias necesarias para desarrollar y apoyar las competencias de habilidades, la atención se desplaza hacia el conocimiento que se espera que contribuya al desarrollo de las cualidades del carácter incluidas en el perfil. Aunque las «experiencias» también contribuyen al desarrollo del carácter, se necesita precaución. Podemos planear y requerir experiencias que desarrollen habilidades (como juegos de roles y participación de mentores en el ministerio), pero no es apropiado que diseñemos experiencias como el estrés, la privación o el fracaso, para desarrollar el carácter. Ese es el papel del Espíritu Santo.

La relación entre conocimiento y carácter es bastante diferente de la relación entre conocimiento y habilidades. Se necesita conocimiento específico para desarrollar y realizar cualquier habilidad. El carácter, en contraste, no es una función del conocimiento. Aquellos con la mayor integridad, por ejemplo, los niños pequeños, también pueden ser los que tengan menos conocimiento. Por otro lado, muchos han aprendido por una triste experiencia que los individuos más informados a veces son los menos confiables. Esto nos advierte que la pregunta: «¿Qué tiene que saber una persona para ser así?» no es una forma útil de proceder cuando se identifican objetivos de conocimiento relacionados con las cualidades del carácter.

A menudo se dice que las cualidades del carácter «se aprenden mejor de lo que vemos hacer que de lo que nos enseñan a hacer», es decir, se aprenden mejor mediante el ejemplo de otros. Sin embargo, es vital el conocimiento de las Escrituras. El Espíritu Santo usa las Escrituras para enseñarnos los estándares de Dios para una vida santa y para mostrarnos la vida sin pecado de Jesús, nuestro mejor ejemplo. Pablo nos recuerda que las historias del Antiguo Testamento están «para servirnos de ejemplo» (1 Corintios 10: 6, 11). Además, Dios usa su Palabra como un canal para traer su gracia a nuestras vidas. «Es útil para enseñar, para reprender, para corregir y para instruir en la justicia» (2 Tim 3:16). También es útil conocer modelos históricos de carácter piadoso, como las historias de santos y mártires o las biografías de cristianos laicos, líderes ministeriales y misioneros. Por lo tanto, para cada cualidad del carácter enumerada, pregunte: «¿Qué conocimiento se necesita para reprobar, instruir o fomentar el desarrollo de esta cualidad?»

Nuevamente, el término crucial es «necesario». Esta no es una oportunidad para justificar las tradiciones intelectuales o las disciplinas académicas en las que estamos posesionados. Este no es el momento para que un profesor se adentre en áreas curriculares de interés personal o profesional. Los objetivos de conocimiento deben relacionarse directamente con las cualidades del carácter. Las preguntas más útiles pueden ser: «¿Qué enseña la Biblia con respecto a esta cualidad del carácter?» o «¿En qué parte de las Escrituras se demuestra esta cualidad, ya sea de manera positiva o negativa?» Al igual que con las competencias de habilidades, al identificar el conocimiento para desarrollar cualquier cualidad del carácter, debemos aplicar una «hermenéutica de sospecha».

La creación de hojas de trabajo de planificación curricular para cada área de habilidades y para cada área de las cualidades del carácter incluidas en los objetivos de su programa puede llevar varios meses. Puede ser necesario dividir y delegar la tarea a grupos de trabajo interdisciplinarios dentro del profesorado, pero es importante que al final que todos los profesores revisen y aprueben el trabajo de cada grupo de trabajo. Cuando las hojas de trabajo de planificación curricular se han preparado para todas las áreas de habilidades y las cualidades del carácter, estas representan sus «Objetivos de formación».

Desarrollar cursos que aborden el conocimiento y la experiencia necesarios

Cuando un graduado puede emplear hábilmente las competencias identificadas, modelar las cualidades identificadas y estar equipado con el conocimiento necesario para cumplir el rol de liderazgo ministerial previsto, se ha cumplido la misión del seminario. Sin embargo, las listas de competencias, cualidades y conocimientos no son un currículo de estudios. Puede ser un desafío tratar con quince o más hojas de trabajo de planificación curricular (es decir, una para cada área de habilidades generales y para cada área de cualidades en el perfil). El profesorado debe desarrollar una lista de cursos que aborden estos objetivos de formación.

La tarea de desarrollar cursos para abordar objetivos de formación es más arte que ciencia. Mediante el trabajo conjunto, el profesorado debe identificar temas reflejados en los objetivos de formación. El desafío será concebir una lista de cursos que aborden todos nuestros objetivos de formación y que puedan impartirse dentro del tiempo asignado para el programa de estudio. Hasta que no hayan sido asignados a uno o más cursos todas las competencias, cualidades y conocimientos identificados no está completo el trabajo del profesorado. No podemos perder de vista cualquier habilidad general y específica o área del carácter que nuestra formación debe desarrollar para que los graduados reflejen el perfil requerido por nuestro llamamiento. No es un problema asignar un objetivo de formación a dos o más cursos; la repetición es un principio educativo efectivo.

Se necesita mucha sabiduría, conocimiento y gracia para que los profesores trabajen juntos para identificar los cursos y los requisitos de aprendizaje experiencial (es decir, experiencias supervisadas además de las proporcionadas en los cursos) que proporcionarán a los alumnos los conocimientos, las habilidades y las cualidades del carácter necesarias para ministrar de forma efectiva. Es sabio que, durante este proceso, el profesorado recuerde frecuentemente la misión del seminario y su llamamiento colectivo para equipar a los graduados para un liderazgo eficaz en el ministerio. Si el profesorado no está unificado en este compromiso, el desarrollo de un nuevo plan de estudios puede convertirse en polarización, fractura y fragmentación. Por otro lado, perseverar juntos a través del largo y difícil proceso de desarrollar un currículo transformador y centrado en la misión puede ser una experiencia unificadora para el profesorado. Es por esta razón que el desarrollo del currículo debe ser hecho en constante oración y dependencia del Espíritu Santo.

Use una matriz para validar el nuevo plan de estudios

El concepto de matriz curricular es simple y su uso no es complicado. Debido al tamaño de una matriz curricular, puede ser conveniente utilizar un software de hojas de cálculo en una computadora, aunque también es factible hacer una matriz en un papelógrafo o en papel milimetrado.

La matriz del currículo es simplemente un cuadro con los objetivos de formación del programa distribuidos en la parte superior y su currículo de cursos desplegado en el lado izquierdo. Luego, se inserta una marca de verificación en cada celda donde los objetivos de un curso incluyen un objetivo de formación específico (consulte la Figura 7.2). Cuando la matriz esté completa, el profesorado puede identificar fácilmente cualquier objetivo de formación que haya sido menospreciado o pasado por alto. También será evidente si a algún curso se le ha asignado un número irrazonable de objetivos de formación.

El ejemplo de matriz curricular que se muestra en la Figura 7.2 enumera algunos cursos que puede ofrecer un seminario africano, pero no especifica las competencias de habilidades, las cualidades del carácter o los conocimientos que conforman los objetivos de formación de este seminario hipotético. Por lo tanto, la matriz de muestra está incompleta y es solo ilustrativa. Sin embargo, en esta ilustración, la matriz revela que el Objetivo de cualidad del carácter 3 se aborda en un solo curso. Parece poco probable que esa cualidad pueda desarrollarse adecuadamente con tan poca atención. Por otro lado, el Objetivo de conocimiento 1 se aborda en la mayoría de los cursos. Probablemente la atención dedicada a este objetivo podría reducirse o incluso eliminarse de algunos cursos, redirigiendo la atención hacia otros objetivos de formación.

	Competencia 1	Competencia 2	Competencia 3	Competencia…	Cualidad 1	Cualidad 2	Cualidad 3	Cualidad…	Conocimiento 1	Conocimiento 2	Conocimiento 3	Conocimiento…
Estudio del Antiguo Testamento 1	✓		✓		✓				✓			
Estudio del Antiguo Testamento 2	✓					✓			✓	✓		✓
Estudio del Nuevo Testamento 1	✓				✓				✓			
Estudio del Nuevo Testamento 2	✓								✓	✓	✓	
Teología Sistemática 1		✓			✓	✓			✓		✓	
Teología Sistemática 2		✓				✓			✓			
Teología Sistemática 3		✓				✓			✓			✓
Hermenéutica	✓				✓				✓			
Historia de la Iglesia en África					✓				✓			
El islam en África		✓			✓				✓			
Características de los Bautistas			✓			✓			✓	✓		
Realidades Sociales Africanas		✓	✓									✓
La Vida Cristiana	✓	✓			✓					✓	✓	
Evangelismo y Crecimiento de la Iglesia					✓			✓				
Teología Pastoral					✓					✓	✓	
Consejería Bíblica	✓	✓		✓	✓		✓		✓			
…												

Figura 7.2: Ejemplo de matriz curricular [2]

En contraste, a la «Historia de la Iglesia en África» y al «Evangelismo y Crecimiento de la Iglesia» se les ha asignado solo un objetivo de competencia de habilidades, un objetivo de cualidad del carácter y ningún objetivo de

---

2. Tenga en cuenta que las elipsis (…) pretenden indicar que esta matriz de muestra está incompleta. Una matriz curricular típica de un seminario puede tener treinta o más columnas de ancho con un número similar de filas.

conocimiento. Esto puede ser apropiado, pero es probable que a estos cursos se les pudiera asignar más objetivos de habilidades, del carácter y de conocimiento necesarios para lograr la misión del seminario. Alternativamente, debería cuestionarse la inclusión de estos cursos, ya que contribuyen muy poco al perfil.

Cuando se desarrolla un nuevo plan de estudios, también se puede utilizar una matriz curricular para evaluar la idoneidad de un plan de estudios existente. Si se han especificado los objetivos de formación, el plan de estudios puede ser llevado al esquema mencionado para así evaluar sus fortalezas y debilidades. Sin embargo, hay que tener cuidado cuando se emplea una matriz curricular para evaluar un currículo que se haya desarrollado sin identificar primero el perfil de un graduado ideal. Un plan de estudios puede abordar los objetivos de formación de un seminario, pero si esos objetivos fueron desarrollados por el profesorado sin hacer referencia al contexto y a los desafíos de los graduados en el ministerio, simplemente tenemos un sistema cerrado y de autovalidación que puede no estar relacionado con la realidad de los ministerios de los graduados. Por esta razón, es crucial el rol del Panel de partes interesadas para la integridad del desarrollo curricular.

La tarea de desarrollo del currículo estará completa cuando se haya realizado el esquema del nuevo currículo y se hayan hecho los ajustes necesarios. Es bueno celebrar el logro que Dios ha permitido. El próximo paso en la planificación para la educación ministerial que transforma es la tarea de planificar los cursos prescritos en el plan de estudios.

8

Planificar cursos para el aprendizaje transformador

La primera responsabilidad de los profesores del seminario es desarrollar un currículo que prepare para el ministerio a los estudiantes que ingresan al seminario. El profesorado también debe desarrollar planes de estudio y planes de lecciones que conviertan al currículo en planes de instrucción, estudios y experiencias de aprendizaje factibles que fomenten el aprendizaje transformador.

Una de las ventajas del enfoque del desarrollo curricular que hemos descrito es que cada curso debe ocupar un lugar específico y desempeñar una función específica en el currículo de estudios. Los cursos se seleccionan y se configuran no sobre la base de la tradición o los intereses disciplinarios del profesorado, sino sobre la base de la misión institucional y el aprendizaje específico requerido para lograr esa misión y llamado.

A medida que se desarrolla el currículo, a cada curso se le asignan objetivos de formación que se espera que aborden. Esta estrategia aporta enfoque y disciplina a la tarea de desarrollo de cursos, así como a la evaluación. Si los estudiantes no alcanzan los objetivos especificados para un curso, se deben esperar ajustes apropiados en el diseño del curso y en los métodos de enseñanza-aprendizaje. Dada la considerable libertad que el profesorado ha disfrutado en el pasado, puede requerirse un ajuste en la forma de pensar. El profesorado tiene una gran vocación y un profundo deseo de ver como sus cursos transforman la vida de los estudiantes y sus ministerios. La adopción de un enfoque para el diseño de cursos y la enseñanza regido por objetivos de formación puede equipar a los graduados para ver un cambio transformador en las iglesias y comunidades a las que sirven. Este reconocimiento es inspirador.

Creación de sílabos que honren y logren los objetivos del curso

Los «ocho pasos de la planificación» de Vella[1] son una guía invaluable para el diseño del curso. Por lo general, nuestra primera pregunta es: «¿Cuál es el contenido que debo cubrir?» Esa pregunta se convierte rápidamente en: «¿Qué libro de texto debo usar?». Sin embargo, Vella nos advierte que el diseño responsable de un curso debe comenzar con las «preguntas antecedentes», **¿Quién? ¿Por qué? ¿Cuándo?** y **¿Dónde?** Comprender a nuestros estudiantes, al contexto y a los recursos de nuestro entorno de enseñanza-aprendizaje debe dar forma a nuestra planificación. Si estos estudiantes se han inscrito en cursos anteriores que hemos enseñado, podemos reflexionar sobre cómo sus personalidades y antecedentes se relacionan con este curso. Si no conocemos personalmente a nuestros alumnos, es posible que debamos recopilar información para enriquecer la planificación de nuestros cursos.

El quinto paso de Vella, **«¿Y luego qué?»**, nos recuerda que este curso existe dentro de un plan de estudios más amplio y que se espera que aborde los objetivos especificados en ese plan de estudios: las cualidades del carácter y habilidades que se desarrollarán en este curso. Si existe una matriz curricular, esta proporcionará una guía accesible a los objetivos asignados. El desafío del maestro es desarrollar un plan de aprendizaje diseñado para alcanzar estos objetivos en las vidas de los estudiantes que se inscriban en este curso.

Aunque podemos sentirnos tentados a tratar como sugerencias los objetivos asignados a nuestro curso en el currículo, ninguno puede descartarse sin afectar la efectividad del currículo. De manera similar, se debe tener cuidado si algún profesor decide aumentar sus cursos con metas no asignadas, ya que esas metas pueden afectar la coherencia y el enfoque del diseño curricular. Ciertamente, cualquier cambio en los objetivos asignados al curso debe ser aprobado por el comité de currículo de la facultad o el decano.

---

1. Ver la discusión sobre los «ocho pasos de la planificación» de Vella en el Capítulo 3 y la elaboración de «las preguntas antecedentes» en el Capítulo 4.

«¿Y luego qué?» también nos recuerda que la asignación de objetivos debe extenderse a cada lección en un curso. ¿Cómo contribuirá cada lección al desarrollo de las cualidades del carácter y las habilidades asignadas a este curso? Los objetivos de las lecciones, por supuesto, son más específicos que los objetivos del curso, pero, tomados en conjunto, los objetivos de las lecciones deben asegurar que se cumplan los objetivos del curso. Como veremos, los objetivos de las lecciones proporcionan la dirección necesaria para la planificación de las lecciones.

Teniendo en cuenta a nuestros alumnos, el contexto, los recursos del entorno de enseñanza-aprendizaje y los objetivos del curso, estamos listos para abordar el «¿Qué?» que son los conocimientos que respaldan, desarrollan y apoyan las cualidades del carácter y habilidades designadas como objetivos del curso. Algunos objetivos de conocimiento pueden asignarse a este curso en el plan del currículo, pero también hay oportunidad para que los profesores seleccionen temas particularmente apropiados para el desarrollo y la experiencia previa de sus estudiantes. Todas las materias incluidas en el diseño del curso deben contribuir al desarrollo y apoyo de las cualidades del carácter y habilidades asignadas. Se debe resistir cualquier tentación de incluir más de lo que se necesita, recordando el principio de la educación para adultos de que «menos es más». Permitir que nuestros estudiantes aprendan bien debe tener prioridad sobre nuestros intereses académicos personales o el material complementario que nos parezca interesante.

Reflexionar sobre las preguntas antecedentes y sobre los objetivos del curso puede llevarnos a identificar «unidades» o segmentos temáticos dentro del plan del curso. ¿Cómo se repartirán las sesiones del curso entre estas unidades? ¿Cuántas clases se asignarán a cada una? De esta manera comienza a surgir un programa del curso o un calendario del curso. Con el programa del curso en la mano, es hora de dar un paso atrás y preguntar: «¿Este programa ofrece la seguridad de que los objetivos del curso se pueden cumplir en el tiempo asignado? ¿Es realista suponer que la información y las experiencias de aprendizaje incluidas en este plan de curso desarrollarán y respaldarán las cualidades del carácter y las habilidades asignadas como objetivos para este curso?» Solo si la respuesta es «Sí» podemos permitirnos avanzar en el diseño del curso.

Vella nos advierte sabiamente. «Recuerde: el peligro es diseñar demasiado *que* para *cuando*».[2] Ella aboga por permitir márgenes, eligiendo planear para menos tiempo del asignado. Ella observa:

> Ningún problema es tan consistente como diseñar demasiado *que* para *cuando*. ¿Cuántas veces ha estado en una sesión de capacitación o en un curso donde el profesor o instructor dice?: «No tenemos suficiente tiempo para hacer esto a fondo» o «Si tuviéramos tiempo suficiente, podríamos hacerlo bien» No escuchará esas frases al usar este enfoque de diseño centrado en el aprendizaje, porque usted aquí diseña para el tiempo que le dan. Lo hace bien en cada ocasión.[3]

El séptimo paso de Vella, «**¿Para qué?**», desafía al maestro a identificar los objetivos de logro para este curso. En el Capítulo 3, vimos que los objetivos de logro establecen lo que los alumnos *habrán hecho* para asegurarse a sí mismos y a los demás que han aprendido. Las palabras en cursiva son de suma importancia. Los objetivos de logro no especifican lo que hará el profesor (aunque tienen implicaciones significativas para las prioridades y estrategias de enseñanza) ni describen lo que esperamos que los alumnos puedan hacer. Los objetivos de enseñanza-aprendizaje no pueden ser sobre nuestras esperanzas y aspiraciones para nuestros estudiantes. Más bien, los objetivos de logro describen lo que los estudiantes harán en este curso para experimentar y validar el aprendizaje previsto en los objetivos del curso.

Si se espera que un curso desarrolle efectividad al compartir el Evangelio, entonces un objetivo de logro puede ser: «Al final del curso, cada estudiante habrá compartido el mensaje del Evangelio de manera efectiva con al menos cinco no cristianos». El rol del maestro es preparar al estudiante para compartir el Evangelio de manera efectiva, tal vez incluyendo juegos de roles y entrenamiento activo, pero el objetivo de logro describe lo que el estudiante habrá hecho. Si compartir efectivamente el Evangelio es un objetivo del curso, no puede haber duda de que ese objetivo se haya alcanzado cuando el alumno lo haya logrado. Eso mismo es cierto cuando el objetivo de logro sea hacer la

---

2. Jane Vella, *Taking Learning to Task* (San Francisco: Jossey-Bass, 2001), 30.
3. Vella, *Taking Learning to Task*, 86.

exégesis de un texto, predicar un sermón, explicar una verdad bíblica para que otros comprendan de manera clara, confrontar sabiamente a un miembro de la iglesia, consolar a los afligidos o desafiar una relación o estructura opresiva. Los objetivos de logro son «difíciles» para los profesores porque exigen que hagamos bien nuestro trabajo.[4] Ellos son nuestros amigos; nos ayudan a alcanzar nuestros objetivos de enseñanza-aprendizaje.

Teniendo claridad respecto a nuestros alumnos, el contexto y los recursos de nuestro entorno de aprendizaje, los objetivos asignados a nuestro curso dentro del plan de estudios de la escuela, el conocimiento, las habilidades y las cualidades del carácter que deben enseñarse, y los objetivos de logro que asegurarán el aprendizaje, estamos a un paso de determinar el «¿**Cómo?**», los métodos de enseñanza que permitirán el cumplimiento de los objetivos de logro del curso. De hecho, los métodos se pueden reconocer como implícitos en objetivos de logro bien enmarcados.

Este es el momento para diseñar proyectos, identificar recursos de enseñanza y, posiblemente, seleccionar un libro de texto. Cualquier libro de texto puede ser apropiado para alcanzar los objetivos de logro del curso y, por lo tanto, puede ser difícil de encontrar. Si se selecciona un libro de texto inapropiado, este puede desviar al curso de los objetivos de logro que sean apropiados para sus alumnos y contexto. Ningún libro de texto, independientemente del prestigio que tenga, vale ese precio.

El sílabo es un plan de curso que resume su trabajo. Por lo general, incluirá el nombre y la descripción oficial del curso como se indica en el currículo de estudios del seminario. Las metas del curso y los objetivos de logro deben aparecer en una lista para que los estudiantes sepan lo que aprenderán a ser y a hacer al estudiar este curso. Si se espera que los estudiantes obtengan un libro de texto u otros materiales de apoyo, se deben proporcionar instrucciones en el sílabo. El sílabo también debe incluir un horario de clases con el tema para el día y las tareas diarias que deben hacerse antes de la clase. También es útil indicar en el horario las fechas de entrega de proyectos o tareas que se harán fuera de clases. Finalmente, el sílabo debe indicar cómo se evaluará el aprendizaje de los alumnos: los criterios que se aplicarán y los métodos que se utilizarán. Un programa que incluya la información que se enumera en

---
4. Vella, 52.

este párrafo funcionará como un contrato entre el maestro y los estudiantes. Los alumnos saben qué se espera de ellos y qué pueden esperar del profesor.

Diseñar planes de lecciones que aborden las metas del curso

Habiendo ya desarrollado un plan de curso y un plan de estudios, diseñar un plan de lección implica el mismo proceso, pero en miniatura. Nuevamente, los ocho pasos de planificación de Vella son nuestra guía. Recordamos el «**¿Quién?**» y el «**¿Por qué?**» de nuestros estudiantes y confirmamos el «**¿Cuándo?**» específico y el y «**¿Dónde?**» de la lección que se planificará. El «**¿Y luego qué?**» de la lección es el objetivo asignado cuando se planificó el curso, ubica la lección dentro del panorama más amplio del curso.

El «**¿Qué?**» de la lección es el conocimiento específico que debe enseñarse para desarrollar y apoyar de manera específica las habilidades y cualidades del carácter hacia las que se dirige el curso. Dado que asumimos que la lección se diseñará como una secuencia de tareas de aprendizaje y que el aprendizaje será activo, empleando múltiples métodos, el maestro debe discernir qué conocimiento es esencial. Aunque puede haber mucha más información que encontremos fascinante y que deseamos compartir, recordamos que la instrucción será regida por las tareas de aprendizaje y que una falla común de los educadores de adultos es tratar de enseñar «demasiado *que* para *cuando*». Esta selectividad forzada nos puede parecer dolorosa, pero sabemos que facilita el aprendizaje entre nuestros estudiantes.

Al indicar los objetivos de logro, el «**¿Para qué?**» de la lección, continúa la disciplina sobre nuestros instintos y hábitos que nos imponen los «ocho pasos de la planificación». Por lo general, es mucho más fácil decir lo que haré (es decir, un objetivo de enseñanza) o lo que espero que los alumnos puedan hacer (es decir, un objetivo de comportamiento) que decir lo qué harán mis alumnos para demostrar que han aprendido lo que he enseñado (es decir, un objetivo de logro).

Los verbos elegidos para enunciar los objetivos de logro deben ser «rigurosos». Si esperamos que los alumnos demuestren aprendizaje, los verbos deben describir acciones observables. Los verbos de estado, como «serán», y los verbos que describen características, como «entenderán», no son útiles cuando se establecen objetivos de logro. Los verbos de acción, como «identificarán», «explicarán», «recitarán» o «ilustrarán» son mejores.[5]

Tomados un conjunto, los objetivos de logro establecidos para esta lección deben abordar completamente los objetivos de la lección dentro del contexto más amplio del curso. No se debe esperar que una lección aborde todos los objetivos del curso, pero cada lección debe contribuir al logro de esos objetivos. Si uno se da cuenta de que los objetivos de logro indicados por el objetivo de la lección no son realistas dentro del tiempo disponible, será necesario revisar el diseño del curso. Los profesores deben intentar menos para lograr más. Cuando sacrificamos el rigor pedagógico en interés de objetivos poco realistas, se ve afectado el aprendizaje de los alumnos.

Vale la pena recordar que el «**¿Cómo?**», o tareas de aprendizaje, está generalmente implícito en objetivos de logro bien diseñados. Dado que «una tarea de aprendizaje es una pregunta abierta para alumnos que tienen todos los recursos que necesitan para responderla»,[6] la planificación de tareas de aprendizaje incluye garantizar que los alumnos tengan los recursos necesarios para completar con éxito la tarea asignada.

Se puede utilizar una variedad de métodos de enseñanza para asegurar que los alumnos tengan los recursos necesarios. Se pueden elegir asignaciones de lectura previas a la clase, investigaciones en la comunidad antes de clase, estudios bíblicos inductivos o exegéticos previos a la clase o en clase, conferencias breves, videoclips, estudios de caso, informes con resultados de investigaciones y muchos otros métodos creativos para asegurar que los alumnos hayan necesitado información.

Sin embargo, la tarea de aprendizaje requiere que los alumnos apliquen esa información para demostrar que la han aprendido. La tarea asignada en clase puede implicar reflexión individual y registro en un diario, juego de roles, trabajo en grupos pequeños, intercambio o discusión en grupos de dos o tres alumnos, discusiones en grupos grandes o debates espontáneos o estructurados. Las tareas de aprendizaje en clase pueden ser complementadas y apoyadas por una tutoría fuera de la clase y un grupo dentro del ministerio

---

5. Vella (49–57) insiste que los verbos en los objetivos de logro deben ser «rigurosos, productivos y respetuosos».
6. Vella, 8.

o proyectos y tareas individuales. Hay muchas maneras de permitir que los alumnos demuestren que están equipados para el ministerio, que han adquirido las habilidades y desarrollado las cualidades del carácter que enseñamos. ¡No hay necesidad de que el aprendizaje en nuestras aulas sea aburrido!

Enseñar para la vida y transformación del ministerio

A medida que enseñamos, es importante mantener constantemente ante nosotros los objetivos que perseguimos, tanto nuestro objetivo final como el objetivo inmediato de esta lección. El objetivo final que hemos propuesto es la transformación de la iglesia y la sociedad a través del poder de la Palabra y el Espíritu de Dios. Los medios para alcanzar esa meta son los graduados de los seminarios quienes, a su vez, han sido transformados a través de la obediencia a la Palabra enseñada y han sido equipados para dirigir sus iglesias y ministerios paraeclesiásticos como agentes del poder transformador de Dios.

El objetivo inmediato de una lección puede no ser tan grande, pero es más urgente. Cada lección es un bloque de construcción que contribuye, o disminuye, a la realización del objetivo mayor. Como tal, debemos ser claros con respecto a nuestra tarea como facilitadores del trabajo transformador de Dios en nuestros estudiantes. Los objetivos inmediatos de nuestras lecciones variarán de acuerdo con los objetivos de logro de la lección. Sin embargo, independientemente de nuestros objetivos de logro, hacemos bien en grabar en nuestra mente lo que le pedimos a Dios que logre en nuestros alumnos a través de esta lección. Una forma útil de expresar esto es preguntar: «¿Cuál es nuestro objetivo al enseñar?» o «¿Para qué enseñamos?»

El «Ciclo del aprendizaje» de Duane y Muriel Elmers[7] puede ser de gran ayuda en este sentido. Hay momentos en que es completamente apropiado «enseñar para» *recordar*. La memorización de las Escrituras es una meta de enseñanza válida y valiosa. El salmista canta: «En mi corazón atesoro tus dichos para no pecar contra ti» (Salmo 119: 11). También considere la memorización de los libros de la Biblia. Si estuvieran ordenados alfabéticamente, no sería necesario memorizar el orden de los libros de la Biblia. Pero como no están ordenados de esa manera, la memorización del orden de los libros de la

---

7. Ver el Capítulo 4 para una discusión del «Ciclo del aprendizaje» de los Elmers.

Biblia nos permite encontrar pasajes rápidamente. Hay muchos objetivos de aprendizaje que se pueden lograr mejor enseñando para recordar.

En otras ocasiones, nuestro objetivo de enseñanza puede ser *recordar con aprecio*. Una vez más, el salmista canta: «¡Cuánto amo yo tu ley! Todo el día medito en ella.» (Salmo 119: 97). Nuestro deseo como profesores es que nuestros estudiantes también amen la ley de Dios. Por lo tanto, es apropiado que algunas lecciones se enseñen con esa meta. Hay otros «afectos», o «valores» o «respuestas del corazón» que a veces podemos enseñar. Enseñar para la motivación a la acción, la obediencia, la fidelidad, la audacia, la perseverancia o la fe en Dios son metas importantes, y cualquiera de ellas puede ser la meta apropiada de una lección. Los Elmers nos recuerdan que la convicción es una poderosa respuesta del corazón. Quizás al orar por sus alumnos, enseñará lecciones en las que ore para que Dios los convenza por su Espíritu y ese será su objetivo al enseñar.

En muchas de nuestras lecciones, el objetivo será llevar a los alumnos a *recordar con especulación*, mirando hacia el futuro para imaginar formas en que la verdad aprendida puede aplicarse en sus vidas, su familia, su comunidad o su ministerio. Nuestro objetivo es guiar a los alumnos a la obediencia a la verdad de Dios, pero imaginar formas específicas y concretas de obedecer es un paso positivo hacia la obediencia. Recordar con especulación también anticipa intencionalmente barreras a la obediencia y visualiza estrategias para superar esas barreras. Nuestra naturaleza caída y las estratagemas de Satanás tratan de evitar que obedezcamos a Dios y la verdad que él ha revelado. A menos que enseñemos a recordar con especulación, pocos de nuestros estudiantes pasarán de las buenas intenciones a la obediencia disciplinada y alegre. Enseñar a recordar con especulación puede ser el regalo más importante que podemos dar a nuestros estudiantes.

La especulación con respecto a la obediencia tiene valor solo cuando lleva a *recordar con aplicación*. Amar a Dios con nuestro corazón, mente y fuerza gana valor solo cuando conduce a comportamientos, relaciones y prioridades transformadas. Aunque esta es una meta hacia la cual enseñamos, por lo general vemos muy poco de ella en el aula. La obediencia disciplinada es más reconocible en el campus o en la comunidad. Los programas de tutoría, en el campus y en el ministerio, a menudo brindan una ventana al compromiso de los alumnos para obedecer la verdad de Dios. Cuando hay confianza entre los profesores y los alumnos, la tarea de llevar un diario también puede brindar oportunidades para observar las elecciones de nuestros alumnos para obedecer las verdades que se discuten en nuestras clases.

Nuestro objetivo final es *recordar con integración*, para ver la verdad que enseñamos tan profundamente entretejida en los valores y las formas de vida de nuestros estudiantes que moldeen y determinen su respuesta natural. Dado que esto solo se puede observar en alumnos con familias y ministerios establecidos, recordar con integración a menudo será un objetivo de oración, en lugar de un objetivo de enseñanza. Sin embargo, es apropiado que los alumnos sepan que oramos para que las verdades que enseñamos encuentren un lugar permanente en sus vidas. En definitiva, esto es lo que enseñamos en todo lo que hacemos. La claridad con respecto a los objetivos finales e inmediatos de las lecciones que enseñamos es una disciplina invaluable mientras enseñamos para la vida y la transformación del ministerio.

Advertencia

El enfoque del diseño del curso y la preparación de la lección que se describe en este capítulo puede ser persuasivo, pero la implementación será exigente. Si todos sus cursos son nuevos o si, en un período, usted decide que rediseñará todos los cursos que actualmente imparte para emplear los principios de aprendizaje dialógico, se sentirá abrumado. El fracaso fácilmente podría llevar al cinismo con respecto a la posibilidad y el valor de la enseñanza y el aprendizaje transformadores. Sin embargo, la razón del fracaso no es la utilidad de los métodos que hemos descrito, sino el alcance poco realista de lo que se ha tratado de hacer.

Si todos los cursos que tiene asignados para enseñar son nuevos, será sumamente importante asegurarse de que cada curso esté diseñado utilizando los ocho pasos de planificación de Vella, con objetivos específicos designados para cada lección. Si enseña un curso a tiempo completo, probablemente no podrá diseñar planes de aprendizaje interactivos y creativos para cada lección en el primer año. En ese caso, es aconsejable identificar las lecciones que son más importantes para los objetivos de cada curso y priorizar el diseño de planes de lecciones interactivas para esas lecciones. En el caso de otras lecciones, puede optar por dar una conferencia durante el año inicial, sabiendo que en el año siguiente se priorizará el diseño de planes interactivos para esas lecciones.

Si los cursos que tiene asignados para enseñar no cambiarán, pero ahora usted reconoce el valor de enseñar de forma interactiva, enseñando hacia la transformación en lugar de solo hacia la transferencia de información, la tarea aún es enorme. Intentar revisar todos los planes de cursos y lecciones en un solo período no es realista. Una mejor estrategia es trabajar en el rediseño de uno o dos cursos en cada período, enfrentando y superando gradualmente los desafíos de la educación dialógica.

A medida que perfeccione sus habilidades como facilitador del aprendizaje, esto vendrá de manera más natural. Es normal que al principio vea que los rigores de la educación dialógica son desafiantes. No se rinda. El cambio en su aula y en sus alumnos como resultado de su persistencia disciplinada será profundamente gratificante. Muchos profesores en diversos entornos culturales y ministeriales dan testimonio de la validez de los principios de planificación para la enseñanza y el aprendizaje transformadores que se describen en estos capítulos.

9

Evaluar la educación ministerial

La evaluación de la enseñanza y el aprendizaje es fundamental para la administración de nuestro ministerio como profesores y como seminarios. Los profesores necesitan saber cuáles de sus recursos y métodos de enseñanza son más efectivos y útiles para los estudiantes. Los administradores deben asegurarse de que los cursos que se imparten estén bien alineados con los valores del seminario y de que alcancen los objetivos prescritos en el currículo de la escuela. La evaluación del curso puede proporcionar una guía valiosa en el desarrollo profesional del profesorado.

La evaluación a nivel institucional, tanto interna como externamente, es también de gran importancia. La evaluación institucional bien diseñada y ejecutada valida la idoneidad de los programas de instrucción del seminario o alerta a los profesores y administradores sobre las áreas de mejora necesarias. La evaluación institucional también asegura a las partes interesadas del seminario que sus necesidades están bien atendidas o, si los resultados son decepcionantes, que es posible que se necesiten cambios sustanciales en los programas o el liderazgo de la escuela. La evaluación institucional también asegura a los donantes que su apoyo está bien dirigido y bien administrado.

Si bien los enfoques específicos de la evaluación proporcionan información sobre varios aspectos de la vida del seminario, la evaluación institucional más profunda examina el impacto social de un seminario. Los seminarios existen para equipar a los estudiantes para el ministerio. Si se nos pregunta por qué es importante equipar a los estudiantes, respondemos que las iglesias y los ministerios paraeclesiásticos necesitan líderes efectivos y bíblicamente calificados. Si se nos pregunta por qué las iglesias y los ministerios paraeclesiásticos necesitan líderes calificados, resaltamos el llamado de Dios y la misión al evangelismo, al discipulado y al crecimiento de la iglesia. En definitiva, Dios desea comunidades donde reine la rectitud y la justicia, donde Dios sea glorificado, y donde los necesitados y los que sufran reciban un cuidado compasivo. El efecto de los ministerios de evangelismo, discipulado y crecimiento de la iglesia debe ser evidente en nuestras congregaciones y comunidades.

La evaluación de impacto examina la efectividad de un seminario para traer un cambio transformador en las iglesias y comunidades atendidas por sus graduados. Si los estudiantes obtienen calificaciones altas en los exámenes y los graduados rápidamente encuentran lugares para el ministerio, pero las iglesias donde los graduados prestan servicios están desgarradas por la discordia, paralizadas por la desvinculación de sus comunidades, o tienen poco efecto en la calidad moral y espiritual de aquellos a quienes tocan, ni el seminario ni sus partes interesadas deben estar satisfechos con el cumplimiento de su misión y llamado.

La evolución de los enfoques de evaluación

Solo recientemente los evaluadores han buscado evidencia del impacto institucional. Los enfoques informales (y no documentados) de evaluación institucional se basan generalmente en comparar una institución con otra. Los administradores universitarios, los profesores, los exalumnos y los estudiantes pueden preguntar: «¿Cómo se compara la educación de nuestra escuela con la de otra, como Oxford, Harvard o una institución regional con estándares reconocidos?» Con el surgimiento de agencias de acreditación de pares a principio del siglo XX, el enfoque cambió hacia la evaluación de recursos y procesos institucionales.[1] Los acreditadores preguntaron: «¿Qué formación académica tiene el profesorado?» «¿Cuántos cursos se requieren para obtener un título?» «¿Cuántos libros hay en la biblioteca?» «¿Son adecuadas las instalaciones de la escuela?» En la década de los 80, la atención se centró en los

---

1. Elaine El-Khawas, *Accreditation in the USA: Origins, Developments, and Future Prospects* (Paris: International Institute for Educational Planning, UNESCO, 2001), 27, revisado 27 julio 2017, http://unesdoc.unesco.org/images/0012/001292/129295e.pdf.

resultados y, más recientemente, en los productos de los programas educativos de una escuela.[2] Por lo tanto, los acreditadores y las entidades reguladoras y de financiación gubernamentales preguntan con mayor frecuencia: «¿Cuál es el índice de graduación de los estudiantes que ingresan?» «¿Qué evidencia indica que se logran las metas educativas y las metas de los programas de una escuela al analizar la experiencia de los graduados?» «¿Cuál es el tiempo promedio para que los graduados obtengan una certificación profesional o para que encuentren un trabajo en la profesión que desean?» «¿Qué porcentaje de graduados son admitidos en programas de estudios de posgrado?»

Más recientemente, los teóricos y administradores de la evaluación educativa han prestado atención a los esfuerzos en los sectores filantrópicos y sin fines de lucro para ver más allá de los recursos, procesos, productos y resultados para el impacto social.[3] Si una institución cuenta con excelentes instalaciones, profesores altamente calificados, estudiantes superdotados y exalumnos con éxito profesional, pero las familias, las organizaciones y las comunidades donde viven y trabajan los graduados están carcomidas por el conflicto, la violencia, la injusticia, el deterioro moral y la calidad de vida en declive, ¿puede considerarse exitosa la universidad? El impacto social es fundamental para las escuelas de teología, donde es primordial el impacto espiritual, moral y relacional.

Misión institucional y evaluación de impacto

La evaluación de impacto comienza con una revisión disciplinada de la declaración de misión de una institución. Como hemos visto, es útil que una junta pregunte: «¿A qué nos ha llamado Dios?» «¿Por cuál contribución específica somos responsables mientras Dios hace que su Reino avance y su iglesia crezca?»

Al considerar la misión del seminario, puede ser esclarecedor identificar los lugares de servicio de los graduados que se graduaron entre los últimos seis

---

2. Peter T. Ewell. "An Emerging Scholarship: A Brief History of Assessment" (paper, National Center for Higher Education Management Systems [NCHEMS]), 5, revisado 29 julio 2017, https:// westmoreland.edu/media/124908/ie-assessment-info-6-a_brief_history_of_assessment.pdf.
3. El tema de la reunión de ICETE en el 2015 fue «El impacto de la educación teológica».

a quince años.[4] ¿Cuántos están dedicados únicamente al ministerio y cuantos están en el ministerio y además tienen otro trabajo? ¿Dónde están sirviendo? ¿Hay algún fruto de sus ministerios? ¿Hasta qué punto se corresponde esta evidencia con la percepción de la junta directiva sobre el llamado del seminario? ¿Qué debe hacerse si la evidencia con respecto al servicio y el impacto del ministerio de los exalumnos del seminario se desvía de la percepción de la junta directiva sobre el llamado de Dios? ¿Está Dios impulsando a la junta directiva a reexaminar su visión sobre la misión del seminario o está indicando que la administración y el profesorado deben alinear los programas de la escuela con su misión?

Una declaración de misión útil es una expresión de la percepción de la junta directiva sobre el llamado de Dios para el seminario que ha sido concebida en oración. Por lo general, será visionaria y desafiante para la fe, pero específica y, con el poder de Dios, alcanzable. Incluirá no solo el impacto de la formación en la vida de los graduados, sino también el impacto de los ministerios de los graduados en las congregaciones y comunidades en las que sirven.

«Cadena lógica» de la evaluación de impacto

Un enfoque útil para evaluar el «impacto» reconoce una «cadena» de cinco eslabones (Figura 9.1). Al adaptar el lenguaje del análisis de sistemas, los teóricos de la evaluación identifican las variables de impacto más importantes como «entradas», «actividades», «productos», «resultados» e «impacto».[5]

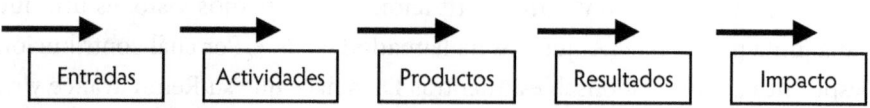

Figura 9.1: «Cadena lógica» de la evaluación de impacto

---

4. Muchos de los que se graduaron en los últimos cinco años todavía pueden estar adaptándose al ministerio; los que se graduaron hace más de quince años, por otro lado, pueden no haber sido moldeados por el profesorado y los planes de estudio actuales.

5. M. J. Epstein y K. Yuthas, *Measuring and Improving Social Impacts* (San Francisco: Barrett Koehler, 2014).

Entradas se refiere a los recursos disponibles para alcanzar la misión del seminario, incluidas las experiencias anteriores de sus estudiantes. *Actividades* son los currículos del seminario, explícitos e implícitos, todo lo que se hace intencionalmente o no para moldear a los estudiantes y graduados. *Productos* son los graduados del seminario, con las cualidades del carácter, las habilidades y el conocimiento que adquirieron como resultado de sus experiencias en el seminario. *Resultados* son las vidas y los ministerios de los graduados que viven y ministran en los lugares a los que Dios les guía. *Impacto* es el efecto de la vida y los ministerios de los graduados en las congregaciones y comunidades donde sirven.

Cada eslabón en la cadena de impacto lógico depende del que lo precede. Por lo tanto, si las entradas son limitadas, las actividades se verán afectadas, etc. Si la investigación indica que el impacto de un seminario es diferente a su misión, la revisión de la cadena lógica puede identificar deficiencias o suposiciones erróneas.

Organizar para la evaluación de impacto

La evaluación del impacto de un seminario puede ser ordenada por su junta directiva o iniciada por sus administradores, pero el liderazgo, debe ser proporcionado por el presidente, el director o el rector. Él o ella debe designar un equipo o grupo de trabajo para diseñar un plan para evaluar el impacto del seminario, para recopilar y analizar los datos necesarios y para informar a la administración y a la junta del seminario. Esta es una tarea difícil; y sin una declaración de misión centrada en el impacto, es imposible.

La primera tarea del equipo de evaluación de impacto es construir una «cadena lógica». La declaración de misión centrada en el impacto es el eslabón final de la cadena. Las descripciones realistas de los recursos e instalaciones del seminario, la experiencia y los conocimientos de su cuerpo docente, su red de congregaciones y comunidades relacionadas, y las cualidades y la experiencia de los estudiantes entrantes constituyen el eslabón de «Entradas» del seminario. El eslabón «Actividades» incluirá los programas y planes de estudio del seminario, explícitos e implícitos. El eslabón «Productos» debe incluir tanto las metas cuantitativas del seminario (es decir, el número anual de graduados) como las metas cualitativas (es decir, las metas del carácter, habilidades y conocimientos de cada programa). El eslabón «Resultados» puede ser el más fundamental, ya que prevé los medios por los cuales los graduados ministrarán para efectuar el cambio hacia los fines previstos en la declaración de misión del seminario.

La «cadena de impacto» solo es útil cuando las principales partes interesadas del seminario la validan y se apropian de ella. Los miembros de la junta, la administración y profesorado deben apropiarse de la «cadena de impacto» para que la evaluación de impacto tenga el compromiso institucional y los recursos que exige un estudio disciplinado y creíble. Sin embargo, las partes interesadas externas del seminario, específicamente sus exalumnos y los ministerios eclesiásticos y paraeclesiásticos a quienes sirve, son las más apropiadas para validar la «cadena de impacto».[6]

Aunque la cadena lógica de impacto de una escuela suele ser identificada por un equipo interno o un grupo de trabajo, es prudente pedir a las partes interesadas externas que validen cada eslabón de nuestra cadena lógica. De esa forma, podemos preguntarnos: «Si brindamos estas actividades, es decir, estos programas, cursos y prácticas de vida comunitaria, ¿es realista suponer que podremos graduar a personas que evidencien las cualidades del carácter, las competencias de habilidades y el conocimiento necesario para ministrar de manera efectiva?» «Si facilitamos el desarrollo de dichos graduados, ¿es realista suponer que proporcionarán un liderazgo eficaz en los ministerios eclesiásticos y paraeclesiásticos a los que pretende servir el seminario?» Y, «si estos graduados actúan de acuerdo con lo previsto, ¿es realista asumir que las iglesias y comunidades en las que sirvan serán cambiadas por el poder de la Palabra y el Espíritu, que las relaciones rotas serán sanadas, que el mal será resistido y que la rectitud, la justicia y la compasión prevalecerán?» Estas son preguntas desafiantes que las partes interesadas externas pueden responder mejor que el profesorado o los administradores de una escuela.

Cuando la «cadena lógica» sea validada, se pueden evaluar las entradas, las actividades y los productos utilizando datos disponibles o recopilados fácilmente en el seminario. Estos datos suelen ser utilizados por las agencias de acreditación para demostrar la idoneidad de los programas del seminario. La

---

6. El «Panel de partes interesadas» empleado para desarrollar o revisar los planes de estudio de la escuela puede servir para este propósito.

investigación sobre los resultados de un seminario es más compleja. Implicará encuestas y entrevistas a los antiguos alumnos del seminario y a sus feligreses y compañeros de trabajo.

La investigación sobre el impacto es la más desafiante; rara vez se puede cuantificar. El impacto de un seminario solo se puede descubrir utilizando métodos cualitativos (por ejemplo, observación directa, entrevistas, grupos focales, estudios de casos). La confianza en los datos cuantitativos tiende a desplazar el enfoque del impacto a los resultados. Si bien se puede obtener una «imagen» del impacto de un seminario a través de un proyecto de tiempo limitado, un estudio longitudinal, que compare las observaciones recopiladas durante un período de años, ofrecerá resultados más sólidos y reflejará los cambios en el impacto del seminario y sus graduados a lo largo del tiempo. Cuando sea oportuno, los datos sobre productos y resultados pueden servir como sustitutos para los datos de impacto, siempre que la «cadena lógica» esté respaldada por las principales partes interesadas y las conclusiones se confirmen mediante observaciones disciplinadas y testimonios de los participantes.

El propósito de la evaluación de impacto no es solo emitir un juicio sobre el éxito o el fracaso del seminario con respecto a su declaración de misión. El informe de evaluación de impacto también debe identificar cada eslabón de la «cadena lógica» de impacto del seminario, destacando los factores que contribuyen positiva o negativamente a la realización de la misión e identificando oportunidades para la mejora del impacto.

La cadena de lógica de impacto y la planificación estratégica

La «cadena lógica» de impacto también es una herramienta eficaz para la planificación estratégica. Es útil no solo para la evaluación sumativa, para evaluar la efectividad de un programa o su institución patrocinadora, sino también para la evaluación formativa, para identificar áreas de fortaleza o mejoras necesarias.

Como ya se mencionó, cada eslabón en la «cadena lógica» depende del que lo precede. Por lo tanto, trabajando al revés, los planificadores podrían preguntar: «¿Cómo deben los graduados ministrar y relacionarse con sus congregaciones y comunidades para lograr el impacto que la misión prevé para nuestro seminario?» «¿Qué cualidades del carácter y competencias ministeriales deben evidenciar los graduados para poder ministrar de esta manera?» «¿Qué tipo de cultura y actividades debemos proporcionar para cultivar en los graduados estas cualidades y competencias?» Y, finalmente, «¿Cómo pueden desplegarse los recursos disponibles para apoyar las actividades necesarias?»

La «cadena lógica de impacto» puede ayudar a los planificadores a ser realistas y visionarios cuando se emplea como un ejercicio de planificación estratégica. Al centrarse en el impacto social, los planificadores pueden anticipar el potencial para lograr la misión de una institución, es decir, su llamado de Dios. Además, si hay interrupciones en la cadena lógica, los planificadores pueden identificar los factores que deben fortalecerse para lograr o restaurar el impacto misional.

La relación de contingencia entre los eslabones alerta a los planificadores sobre las limitaciones que deben aceptarse o abordarse. Si los planificadores concluyen que la misión del seminario es inalcanzable con las entradas disponibles, la junta directiva, en oración, puede optar por revisar su visión del llamado de Dios. Como dijo Hudson Taylor, «a la obra de Dios hecha a la manera de Dios nunca le faltarán los suministros de Dios».[7] Alternativamente, la junta directiva puede optar por proporcionar recursos adicionales o designar un liderazgo que pueda emplear los recursos disponibles de manera más creativa.

La urgencia de la evaluación de impacto

La evaluación de impacto es importante porque el propósito de la educación ministerial no es el logro académico o un diploma de ordenación. Dios llama a su pueblo y a su iglesia a unirse a él en su misión de reconciliación y extensión de su Reino. Durante mucho tiempo, los educadores ministeriales han asumido que las conferencias cuidadosamente elaboradas formarán graduados que ministrarán eficazmente. Por la gracia de Dios, algunos lo hacen. Sin embargo, esto es más probable cuando los seminarios apuntan a la transformación de la vida y los ministerios de los estudiantes, a la obediencia a las verdades que

---

7. Citado en Leslie T. Lyall, *A Passion for the Impossible: The Continuing Story of the Mission Hudson Taylor Began* (Londres: OMF, 1965), 37.

se enseñan en lugar de a la transferencia de información acerca de la Biblia y las funciones del ministerio. La evaluación de impacto puede alentar y puede validar el enfoque de un seminario en la búsqueda efectiva del llamado de Dios.

10

Desafío para transformar la educación ministerial

En este libro, hemos argumentado que la tarea de la educación ministerial es equipar a líderes para la iglesia de Cristo que sean transformados por el poder de la Palabra y el Espíritu. Si los seminarios gradúan estudiantes que simplemente han sido *informados* mediante la transferencia de información bíblica, teológica y pastoral, eso no los capacita para guiar a sus congregaciones a tener vidas transformadas. Esto solo es posible si los propios líderes han sido poderosamente cambiados en semejanza y obediencia a Cristo y, por lo tanto, pueden reproducir su propia transformación en las vidas de otros.

Casi todos los Seminarios evangélicos y sus profesores afirmarían esta aspiración, pero la experiencia actual parece diferente con mucha frecuencia. En el Capítulo 1, notamos los cambios necesarios para que la educación ministerial logre un impacto transformador. Estos cambios no vendrán fácilmente. A menudo, parece que los patrones de valores y las prácticas que van en contra de estos principios están presentes en la cultura de la iglesia y en la cultura de la educación de los seminarios. La cultura no es susceptible al cambio obligatorio.[1] Sin embargo, el cambio es posible y, por el bien de la

---

1. La cultura organizacional se ha definido como «patrones profundamente arraigados del comportamiento organizacional y los valores, suposiciones, creencias o ideologías compartidas que los miembros tienen sobre su organización o su trabajo» (M. Peterson y M. Spencer, citados por Susan M. Awbrey, "General Education Reform as Organizational Change: Integrating Cultural and Structural Change," *Journal Of General Education* 54, no. 1 [2005]: 5). Los decretos de cambio pueden evocar un cumplimiento superficial, pero no alteran conductas y convicciones profundamente arraigadas. Si estas no se modifican, los cambios decretados serán pronto socavados.

iglesia y la misión global de Dios, urgente. Al menos tres cuestiones exigen nuestra atención.

Readaptar la educación ministerial para servir a la iglesia

Las juntas de los seminarios, sus iglesias patrocinadoras y los profesores y administradores de los seminarios afirman que estos existen para servir a la iglesia. Aunque de labios para afuera este compromiso es generalizado, las realidades actuales apuntan a una conclusión diferente. Los valores que dan forma a la cultura y a la vida del seminario a menudo se orientan hacia la universidad y no hacia la iglesia. Las estructuras de acreditación, cuya aprobación los seminarios trabajan tan duro para adquirir y mantener, generalmente reflejan los valores del mundo académico. En la universidad se valora más la búsqueda y la extensión del conocimiento, en vez de formar el carácter y equipar para el ministerio. El elitismo prospera en las comunidades que aprecian mucho los títulos y los rituales académicos, donde los estudiantes y los profesores están clasificados, donde los logros se celebran de manera selectiva, y donde las relaciones son formales y, a menudo, distantes. El esfuerzo individual y la competencia por el reconocimiento y las recompensas son endémicos en el mundo académico. Ninguno de estos valores corresponde a una visión bíblica de la iglesia.

Las juntas directivas y los profesores de los seminarios deben permitir que la enseñanza bíblica sobre el liderazgo espiritual moldee sus planes de estudio y su vida comunitaria. La iglesia debe ser tomada en cuenta para definir el alcance, el contenido y el contexto de la educación ministerial, y no solo ser vista como un empleador potencial. El compromiso con las Escrituras no puede «tomarse a la ligera», sino que la batalla crucial con la verdad de Dios debe orientarse de manera intencional, incansable y creativa, para lograr la transformación de la vida y el ministerio del estudiante. Los estudiantes deben ser guiados a obedecer, no solo a recordar, la verdad que estudian. Solo cuando las vidas de los estudiantes son transformadas por Dios y su Palabra, pueden ellos llevar a otros a una vida de obediencia como la de Cristo, que produzca transformación en sus iglesias y comunidades. En este libro hemos propuesto e ilustrado métodos para realizar este nuevo enfoque.

Remodelar la selección de profesores, su superación y sus recompensas

La tarea de renovar la educación ministerial es complicada debido a las estructuras docentes actuales. Las propuestas para reorientar la educación del seminario hacia la iglesia, para reformar a los profesores para que sean modelos de vida y ministerio, para rediseñar los planes de estudio del seminario y la instrucción hacia la transformación de la vida, y para emplear métodos participativos e interactivos de enseñanza son desconcertantes para muchos profesores. Saben que pueden tener éxito en un entorno de seminario tradicional. Sin embargo, si las reglas cambian tan radicalmente, no tienen confianza en que podrán sobrevivir, mucho menos sobresalir.

Los cambios que proponemos también pueden parecer injustos para los profesores actuales del seminario. La mayoría fueron entrenados y seleccionados como académicos que sobresalen en un ambiente académico. Sus principales áreas de especialización son la investigación y la escritura. Han aprendido que mantener una relación de poder y distancia significativa con los estudiantes y los que están fuera de la academia aumenta su credibilidad y les da prestigio. Muy pocos se han encontrado con un profesor que enseñe interactivamente. Sus profesores más estimados eran los que daban conferencias, por lo que les resulta difícil visualizarse enseñando de otra manera. Debido a que fueron contratados como académicos y conferencistas, parece injusto imponer expectativas diferentes ahora. Debe esperarse renuencia e incluso resistencia por parte de los profesores.

Las bases para su contratación también están respaldadas por el enfoque del seminario respecto a la superación de los profesores. Al igual que en las universidades seculares, los programas de superación para profesores de seminarios suelen ofrecer oportunidades para participar en la investigación o escribir para publicaciones académicas. Es raro el seminario que asigne a un miembro del profesorado para que pase un semestre inmerso en el ministerio congregacional o en el discipulado intercultural. Al igual que las universidades seculares, los seminarios tienden a promover la superación académica de sus profesores, más que la superación espiritual, ministerial o andragógica. Por lo tanto, es natural que el profesorado se resista al cambio. Si el seminario gira hacia la enseñanza y el aprendizaje transformadores, posiblemente sientan que han sido mal dirigidos por las antiguas prioridades de superación profesional.

La estructura de recompensa típica del seminario también respalda los valores y expectativas de la academia. Las cátedras, el salario y el tener un trabajo permanente (en algunos contextos) están vinculados a los logros profesionales basados en los estándares universitarios. De repente, puede parecer que el profesorado se encuentra confrontado por un cambio en los valores donde ya no tienen cabida los logros premiados anteriormente. Dadas las nuevas expectativas, su perspectiva de reconocimiento o avance puede parecer dudosa. Esto también aumenta los temores y provoca resistencia.

El seminario no puede perder a sus profesores; el conocimiento y las habilidades que poseen son fundamentales para el futuro de la escuela. Si el seminario persigue una misión transformacional, se debe dar prioridad al reentrenamiento del profesorado. Lidiar con los miedos, las expectativas y la superación de los profesores del seminario es un aspecto central y crucial en la transición de los patrones actuales de capacitación en el seminario hacia la educación ministerial que es verdaderamente transformacional, y que se caracteriza por nuevas formas de pensar, de valorar y de relacionarse con Dios y los demás.

Reformar las expectativas de los estudiantes y las partes interesadas

Una de las barreras más desafiantes para el cambio son las expectativas moldeadas por la historia antigua de la educación ministerial. A finales de la Edad Media, la educación ministerial se dividió trágicamente en corrientes monásticas y escolásticas. Esas dos corrientes divergieron y la tradición escolástica llegó a dominar la educación ministerial. Cuando Calvino estableció su escuela en Ginebra, prácticamente todos los sacerdotes católicos se habían formado en escuelas de catedrales que se regían por el modelo escolástico. Muchas escuelas de catedrales se convirtieron en universidades. La preparación de ministros para la iglesia fue una de las principales motivaciones para fundar las universidades más antiguas de Europa y América del Norte.

A lo largo de esta historia, las escuelas de teología y los seminarios se han enfocado en introducir a los estudiantes en un currículo de conocimiento teológico y disciplinas clásicas de acuerdo con el modelo escolástico. Se enfatiza el hecho de que el estudiante encuentre y domine el conocimiento de las disciplinas estudiadas. La gran mayoría de los ministros actuales han sido educados de esta manera. Eso es el seminario y el seminario es el camino hacia la preparación y calificación para el ministerio vocacional. Es lo que esperan los estudiantes y las iglesias.

Además, los estudiantes esperan que su experiencia en el seminario sea muy parecida a su experiencia de pregrado. Esperan recibir conferencias de profesores que son expertos académicos y que se les asignen libros para leer y ensayos para escribir. También esperan que las habilidades académicas que han perfeccionado durante su entrenamiento universitario les den un estatus, les garanticen el éxito en el seminario y los privilegien para obtener buenas posiciones en la iglesia y en los ministerios paraeclesiásticos.

Los donantes que apoyan a los seminarios teológicos tienen que sentir satisfacción por la calidad de los profesores de su escuela, por los libros escritos por el profesorado, por las hermosas instalaciones del campus y por el número y la fama de los graduados de su seminario. No debemos sorprendernos si no aceptan la sugerencia de que los programas que han apoyado deben adaptarse radicalmente para servir mejor al avance del Reino de Cristo.

La educación ministerial transformacional desafía muchas de estas expectativas. Aunque el campus del seminario sigue siendo el centro de la preparación para el ministerio, las clases son interactivas y reflexivas, enfocadas en la formación del carácter y la obediencia a la verdad bíblica. Los maestros se relacionan con los estudiantes como modelos y mentores más que como académicos disciplinarios. Los planes de estudio incluyen experiencias fuera de la clase, en el ministerio y en la comunidad, que se valoran tanto como los estudios individuales y en el aula. Debido a que los objetivos del programa se expresan en términos de la formación de habilidades del carácter y para el ministerio, la destreza académica no garantiza el éxito. Algunos estudiantes, miembros del profesorado y donantes, reconociendo estas prioridades, elegirán los enfoques tradicionales sobre los transformacionales para la educación ministerial.

Liderar el cambio institucional

John Kotter y William Bridges se encuentran entre los teóricos del cambio organizacional más frecuentemente citados. El libro de Kotter *Leading*

Change,[2] y su continuación, *The Heart of Change*,[3] prescriben una estrategia de ocho etapas para efectuar el cambio organizacional.[4] En el libro *The Heart of Change*, Kotter enfatiza que el cambio se produce cuando los miembros de la organización «ven y sienten» la necesidad de cambio.[5]

En su libro *Managing Transitions*,[6] Bridges identifica tres fases en el cambio organizacional, con roles alternativos para el líder en cada fase. Las fases son concurrentes, pero la proporción de miembros de una organización en cada fase cambia a medida que se adopta el cambio organizacional. Inicialmente, la mayoría de los miembros de las organizaciones están ocupados en «terminar», renunciar a perspectivas, patrones y relaciones familiares del pasado. Gradualmente, la mayoría se mueve a «la zona neutral» donde lo antiguo se ha desechado, pero lo nuevo todavía no se ha convertido en una rutina. El cambio organizacional se completa solo cuando una mayoría significativa ha abrazado el cambio, que se evidencia en nuevos patrones de pensamiento y comportamiento.

Aunque Kotter y Bridges emplean imágenes alternativas del proceso de cambio organizacional, los consejos que ofrecen son ampliamente congruentes. Tanto la literatura sobre el cambio organizacional como nuestra propia experiencia nos llevan a instar a los líderes de la iglesia y a los educadores teológicos a buscar un enfoque de cambio cultural en los seminarios teológicos que, a su vez, pueda llevar a un cambio transformador en la vida y el ministerio de la iglesia de Cristo.

---

2. John Kotter, *Leading Change* (Boston: Harvard Business School, 1996).
3. John Kotter, *The Heart of Change* (Boston: Harvard Business School, 2002).
4. Las ocho etapas de Kotter son: (1) Intensificar la urgencia; (2) Conformar un equipo guía; (3) Identificar una visión edificante; (4) Comunicar la visión; (5) Eliminar las barreras al éxito; (6) Crear victorias a corto plazo; (7) Persistir; y (8) Fomentar una nueva cultura. Kotter reconoce que las «etapas» pueden secuenciarse de manera diferente en algunos contextos, pero argumenta que todas son importantes para lograr un cambio organizacional duradero (Kotter, *Heart of Change*, 6–7).
5. Kotter, *Heart of Change*, 7.
6. William Bridges, *Managing Transitions* (Cambridge, MA: Da Capo Press, 1991, 2003).

Cultivar el compromiso con la educación ministerial transformacional

El cambio en las culturas de la iglesia y el seminario no se puede realizar a través de los esfuerzos de líderes individuales. Muchos, a menudo conocidos como «una masa crítica», deben reconocer que el statu quo es inaceptable y que el cambio es esencial.[7] Este proceso debe ser respaldado en oración para que la voluntad de Dios se muestre y para que el pueblo de Dios se alinee con su visión para su iglesia.

Las Escrituras enseñan claramente que Dios desea que su iglesia tenga una vida santa, individual y corporativa (Mateo 5:48; 1 Pedro 1: 14-16). Esto solo es posible si permitimos que Dios transforme nuestra visión del mundo, nuestras perspectivas, valores y prioridades. La falta de santidad entre los cristianos no refleja ninguna deficiencia en la gracia de Dios, sino nuestro fracaso al permitir que Dios nos cambie, conformando nuestros pensamientos y comportamientos con los de Cristo.

Dios desea que odiemos el pecado y amemos la justicia como él lo hace. Él nos llama a una vida sencilla y a la administración de las riquezas para el ministerio a otros. Él espera que amemos a nuestros hermanos cristianos y que seamos compasivos con todos los que sufren y son oprimidos. Muy a menudo nuestras vidas como cristianos no se diferencian de las de nuestros vecinos no cristianos. Tenemos muchas maneras de justificar nuestro egocentrismo, nuestra búsqueda de riquezas, nuestra indiferencia por el dolor de quienes nos rodean. Predicamos que nadie es perfecto excepto Dios y no mencionamos que Jesús nos exhorta a obedecer los mandamientos de Dios, alineando nuestras vidas con la suya (Mateo 19:17). Ofrecemos excusas teológicas por no haber experimentado lo que Dios desea, nos manda y nos ofrece. ¡Por cuánto tiempo será paciente con nosotros!

Dios quiere que su iglesia sea una «luz para las naciones». Nos enseñó a orar: «Venga tu reino. Hágase tu voluntad, como en el cielo, así también en la tierra.» (Mateo 6:10 RVR1960). A lo largo de las Escrituras, la intención de Dios para todas las personas es que entren en su *shalom*, para experimentar

---

7. Kotter aconseja a los líderes del cambio a que «intensifiquen la urgencia» (*Heart of Change*, 15-36) y Bridges insta a los líderes del cambio a «vender el problema que es la razón para el cambio» (*Managing Transitions*, 16).

la vida como él la diseñó. Su *shalom* es tan ajeno al estado de nuestro mundo, de nuestras naciones y de nuestras comunidades. Satanás está efectivamente dando forma a nuestras comunidades y a nuestra cultura en formas perversas y destructivas. La iglesia rara vez participa en esta batalla espiritual por la rectitud, la justicia y la compasión. ¿Cómo podemos conformarnos con reunirnos en nuestras iglesias, cantar canciones de alabanza y celebrar o debatir temas teológicos, cuando Dios llora por nuestras comunidades y nuestras naciones (Mateo 23:37)?

¿Por qué el mundo que nos mira y observa la vida de la iglesia, tan rara vez reconoce la belleza y santidad asombrosas de nuestro Dios (Mateo 5:16)? ¿Por qué la iglesia global es tan inmadura espiritualmente y su influencia en las comunidades y culturas de este mundo es tan impotente? Eso no es lo que Dios pretende. Su intención es que el ministerio mutuo entre los creyentes conduzca a la plena madurez espiritual, la madurez espiritual de Jesucristo (Efesios 4: 12-13). Es por esta razón que el Espíritu Santo le da al pueblo de Dios varios dones para el ministerio (1 Corintios 12: 7-11). Es para este propósito que nos envía al mundo como sus testigos (Hechos 1: 8).

Sin embargo, para ser efectivos los cristianos deben estar equipados para ejercer las capacidades que Dios les ha dado. Para ese propósito, el Cristo resucitado da líderes a la iglesia que pueden equipar a los creyentes para los ministerios de compartir las Buenas Nuevas, ministrar a través de barreras culturales, declarar el mensaje de Dios de manera perspicaz a los que están dentro y fuera de la iglesia, y pastorear y enseñar al pueblo de Dios (Efesios 4: 11). Cuando los líderes de la iglesia no equipan a los creyentes para servirse mutuamente, la iglesia se estanca. Su ministerio de preservar la moralidad y hacer brillar la verdad de Dios en las comunidades y culturas circundantes es silenciado (Mateo 5:13).

A los seminarios y a las universidades de teología se les confía la tarea de preparar líderes para la iglesia de Cristo, aquellos que equiparán a los creyentes para sus diversos ministerios. Sin embargo, cuando los seminarios se centran en la transferencia de información, los graduados conciben su rol de la misma manera. En lugar de obedecer la verdad de Dios y ser transformados por el poder de la Palabra y del Espíritu, los creyentes están informados sobre cosas que necesitan saber. En lugar de estar equipados para su ministerio mutuo de maduración, testimonio y servicio, a los creyentes se les da información, al igual que a sus líderes se les dio información en el seminario, con la suposición de que sabrán cómo aplicarla, y de que lo harán.

Los medios normales de Dios para traer vida espiritual a su pueblo son los líderes piadosos: hombres y mujeres cuyas mentes y corazones han sido transformados por el poder del Evangelio, cuyas vidas reflejan las perspectivas y prioridades de Dios. En lugar de instituciones ocupadas de forma consciente o inconsciente con la transferencia de información, nuestros seminarios deben ser comunidades seminales[8] donde las vidas y los ministerios sean transformados por el Espíritu Santo en un encuentro personal con la Palabra de Dios. Entonces, los líderes que han sido transformados de esta manera pueden extender esta misma transformación a las congregaciones y comunidades donde sirven.

Solo cuando las juntas directivas de los seminarios, los administradores y los profesores reconozcan el fracaso crítico de la iglesia en el mundo y su complicidad en la ineficacia de la iglesia y su liderazgo, encontrarán la voluntad para cambiar.

Incorporar la colaboración de la iglesia constituyente

El seminario no puede atravesar esta transición solo. Necesita la colaboración y el apoyo de su iglesia constituyente. Esto no será fácil de obtener porque los seminarios, durante siglos, se han presentado como repositorios de experiencia técnica y ministerial. Nuestras iglesias constituyentes aceptan y respetan esa experiencia y, por lo tanto, les resulta difícil creer que poseen la sabiduría que necesita el profesorado de los seminarios.

Por supuesto, el profesorado posee experiencia importante (en investigación académica, teología, estudios bíblicos, historia de la iglesia y en teorías y estrategias de ministerio), pero la iglesia también tiene los conocimientos que necesita el seminario. Por su experiencia diaria la iglesia entiende los desafíos culturales, sociales y relacionales que enfrentan los cristianos. La iglesia entiende las barreras para el testimonio cristiano y cómo el testimonio es recibido o rechazado por los vecinos, amigos y colegas. La iglesia entiende cómo los vecinos no cristianos responden a los esfuerzos para iniciar conversaciones espirituales, lo que facilita conversaciones espirituales y lo que las cierra. El

---

8. La derivación etimológica de la palabra «seminario» viene del latín «semillero».

seminario necesita este conocimiento para que los líderes estén preparados para la eficacia en el ministerio. Por esta razón, el desarrollo curricular debe realizarse en colaboración con las partes interesadas del seminario.

El seminario también necesita establecer una asociación con la iglesia porque el rediseño del seminario para la enseñanza y el aprendizaje transformador no es un fin en sí mismo. El objetivo final es creyentes y congregaciones transformados. A medida que la iglesia participa en repensar y rediseñar la educación ministerial, puede ver y apreciar la intención de Dios para su iglesia.

Proporcionar reequipamiento y apoyo a los profesores del seminario

No es justo ni realista esperar que el profesorado abandone los modelos familiares de enseñanza y que adopte nuevos modelos sin una capacitación que incluya demostración y práctica. La enseñanza y el aprendizaje transformadores son muy diferentes y más exigentes que los modelos educativos que la mayoría de los profesores del seminario han experimentado o practicado. No todos los profesores aceptarán esta capacitación. Sin embargo, la experiencia demuestra que aquellos que alguna vez fueron más resistentes, incluso desdeñosos, pueden convertirse en defensores apasionados del aprendizaje participativo y de las perspectivas y habilidades de la enseñanza facilitadora.

Además de capacitaciones para la superación profesional, el seminario también debe proporcionar el apoyo adecuado al profesorado durante la transición a nuevos roles. La reorientación del seminario para que provea la preparación para el ministerio transformacional no se puede lograr en un día, un período o un año. El profesorado puede, inmediatamente, redirigir su enseñanza hacia la obediencia, en lugar de solo recordar la verdad de Dios. Sin embargo, la reestructuración de los sílabos y planes de estudio hacia el aprendizaje participativo llevará más tiempo. Esto es un trabajo exigente. La mayoría de los profesores se darán cuenta de que solo pueden reestructurar un curso en cada período. Sin embargo, la participación y la emoción aumentarán cuando cada curso recientemente rediseñado sea celebrado por todo el profesorado del seminario.

Reconocer que la transición es un proceso que conlleva pérdida

Bridges emplea la metáfora del éxodo de los judíos de Egipto para ilustrar el impacto psicológico y emocional del cambio organizacional. Primero, Moisés tuvo que sacar a Egipto de los judíos, tuvieron que abandonar a Egipto física y emocionalmente, antes de que él pudiera llevar a los judíos a la Tierra Prometida.[9] Bridges señala que las personas normalmente no se resisten al cambio; sino que se resisten a la pérdida.[10]

Las pérdidas experimentadas por el profesorado en la transición a los métodos de enseñanza transformacional son desalentadoras. De la noche a la mañana, los cursos en los que han invertido años de compromiso profesional pueden volverse obsoletos. Las habilidades que han desarrollado como conferencistas pueden perder su valor. Temas de interés profesional y búsqueda académica pueden encontrar poco o ningún lugar en un currículo reorientado para desarrollar habilidades del carácter y para el ministerio. Además, pierden la protección contra las realidades de la vida estudiantil y del ministerio congregacional y comunitario proporcionada por la vida en el campus. A medida que se dan cuenta de estas pérdidas, es natural que los profesores se resistan al cambio y racionalicen la perpetuación del statu quo.

Los administradores de los seminarios deben reconocer las pérdidas sufridas por el profesorado mientras el seminario está en el período de transición hacia la enseñanza y el aprendizaje transformador.[11] Algunos profesores tardarán más que otros en abandonar el pasado. No deberían sorprender la resistencia e incluso, la ira. En lugar de enfrentar la resistencia con debates o demandas, las pérdidas deben reconocerse abiertamente y con simpatía. Se puede celebrar lo que se logró en el pasado, incluso cuando se acepta la perspectiva de una nueva fructificación. Por último, todas las pérdidas deben compararse con la inutilidad de la enseñanza que se disipa rápidamente y que produce ministerios que contribuyen a la inmadurez y a la impotencia en la iglesia. Sí, las pérdidas son reales, pero el futuro de la educación ministerial que transforma es mucho más gratificante.

---

9. Bridges, *Managing Transitions*, 64.
10. Bridges, 24.
11. Es muy útil el capítulo de Bridges "How to Get People to Let Go" (23–38).

Comunicar, Comunicar, Comunicar

El dolor por las pérdidas, el desafío de aprender nuevas formas de percibir y encarnar el rol de uno como maestro del seminario, aprender nuevas formas de enseñar y el mero trabajo de rediseñar los cursos hace que sea fácil perder de vista la meta. Al igual que el proverbial albañil, que pone bloques para una catedral medieval, los profesores pueden pensar que su tarea es revisar los planes de estudio o diseñar nuevos planes de lecciones. Se les debe recordar a menudo que su tarea es desarrollar líderes espiritualmente transformados cuyos ministerios traigan como resultado creyentes, congregaciones y comunidades transformadas.

Desde el momento en que el seminario reconoce su contribución a la inmadurez e impotencia de la iglesia y decide abrazar una nueva visión de su ministerio por el bien de la iglesia, el presidente, director o rector del seminario debe mantener esa visión ante el profesorado, los exalumnos del seminario y su iglesia constituyente. Cada mensaje debe recordar a los demás por qué el seminario se ha propuesto este viaje de transición y hacia dónde se dirige. Es motivadora la visión de una iglesia espiritualmente dinámica dedicada a hacer discípulos y a abogar por valores bíblicos en la comunidad, el mercado y el gobierno. Los miembros del profesorado y la iglesia constituyente necesitan que se les recuerde esta visión una y otra vez.

El profesorado también necesita que se le recuerde que la enseñanza y el aprendizaje transformadores son posibles y son cruciales para esa visión. Solo cuando el profesorado adopte la enseñanza basada en la obediencia a la verdad de Dios como medio para moldear el carácter, las habilidades y el conocimiento, las vidas de los estudiantes serán transformadas. Esa transformación es esencial para la transformación de la iglesia.

Buscar colectivamente la transformación como alineación con la missio dei

Las vidas y los ministerios transformados son importantes porque esta es la intención y el deseo de Dios para su iglesia. Dios no pretende que su pueblo viva en derrota. Él desea demostrar su poder y su gloria a través de su pueblo. Los cristianos somos «linaje escogido, real sacerdocio, nación santa, pueblo adquirido por Dios, para que anunciemos las virtudes de aquel que nos llamó de las tinieblas a su luz admirable» (1 Pedro 2:9). Al someterse completamente a la voluntad de Dios, al apropiarse de su gracia para una vida de obediencia y fecundidad, el profesorado modela la vida transformada que es el objetivo de su enseñanza. Mientras enseñan para que la vida y el ministerio sean transformados, también equipan a los estudiantes para que vean el deseo de Dios cumplido a través de sus ministerios. Las iglesias espiritualmente vitales y bíblicamente fieles dan gloria a Dios. También enfrentan el mal y la injusticia y llaman a sus comunidades y naciones a someterse a la verdad de Dios.

La educación ministerial que transforma es también de suma importancia porque solo una iglesia transformada cumplirá con la Gran Comisión. La tarea de la iglesia es hacer discípulos en todo el mundo, bautizarlos en comunidades locales de creyentes y enseñarles a obedecer todo lo que Cristo ordenó (Mateo 28: 19-20). Dios no se complace en aquellos que dicen ser cristianos, pero que tienen las mismas formas de ver la vida, valores y prioridades que tenían antes de ser cristianos. Dios desea hijos, de todas las culturas y naciones, que sean como él, que lo amen y con quienes pueda relacionarse íntimamente.

La visión de una iglesia transformada

El cambio puede parecer amenazador y será desafiante, pero el cambio es posible. Se pueden aprender perspectivas y métodos transformacionales. El profesorado puede enseñar para la transformación de la vida y el ministerio. El seminario puede convertirse en un motor para la vitalización de la iglesia y la expansión del Reino de Cristo. Cientos de profesores de seminarios y universidades de teología en los países en vías de desarrollo ya han visto este potencial y están mostrando un compromiso dinámico y habilidades para enseñar para la vida y la transformación del ministerio.[12] Al «vender el problema» de la responsabilidad del seminario por la impotencia espiritual de la iglesia, también debemos asegurarle a la iglesia y a sus seminarios que la enseñanza y el aprendizaje transformadores son una meta realista, que el cambio drástico es realmente posible.

Los graduados del seminario pueden dar el ejemplo y guiar a los creyentes hacia vidas transformadas marcadas por formas de ver la vida, valores y prioridades alineadas con las de Dios. Pueden llevar a las congregaciones

---

12. Ver el apéndice A.

a experimentar la transformación que ellos mismos han experimentado al amar a Dios, encontrarse con él en intimidad y caminar obedeciendo su Palabra. Pueden ver que sus congregaciones eligen estilos de vida sencillos y la administración de todas las bendiciones de Dios. Sus iglesias y sus ministerios paraeclesiásticos pueden ser imanes para atraer a los no cristianos al Salvador e impulsar a los misioneros apostólicos a los ministerios entre los menos alcanzados del mundo.

Las comunidades en las que sirven los graduados del seminario también pueden verse afectadas por la transformación de Dios en su iglesia. A medida que la iglesia modela la integridad relacional y el amor por su comunidad, el mundo observador responderá en una de dos maneras. Algunos se mantendrán firmes en su rechazo y aumentarán la presión contra la iglesia. Sin embargo, otros se sentirán atraídos por la belleza de la vida y el testimonio de la iglesia. Aquellos involucrados en el mal y la opresión de los vulnerables serán desafiados a volverse a Cristo para recibir el perdón y la liberación de sus caminos pecaminosos. Los líderes locales y nacionales, con respeto y amor, serán confrontados con la perspectiva de Dios y buscarán la paz y la justicia para todos.

¡Qué hermosa la visión de una sociedad y una cultura marcadas por la fe y el testimonio del pueblo de Dios, de iglesias y ministerios paraeclesiásticos dirigidos por hombres y mujeres cuyas vidas estén alineadas con los valores y prioridades de Dios, y de seminarios donde las vidas de los estudiantes sean transformadas por la obediencia a la verdad de la revelación de Dios y por las vidas ejemplares de sus maestros! Esta es la visión que nos impulsa hacia una educación teológica transformacional. Le invitamos a unirse a nosotros en esta visión y en este viaje.

Apéndices

Appendices

Apéndice A

Breve historia de GATE

Los orígenes de Asociados Globales para la Educación Transformacional (GATE) se remontan a mediados de la década de 1990, cuando el Seminario Bíblico de Columbia y la Escuela de Misiones ofrecieron una maestría en Educación Teológica Internacional. Aunque el programa de estudios atrajo a algunos estudiantes, pronto se hizo evidente que quienes cursaban estudios e investigaciones en educación teológica internacional tenían un título de maestría; lo que se necesitaba era un programa de doctorado. Además, hubo claras ventajas en ofrecer el programa en conjunto con una universidad pública, tanto para el acceso a los recursos como para que los gobiernos extranjeros reconocieran el título obtenido.

Impedimentos iniciales

Durante tres años, Robert Ferris, Director de Estudios de Doctorado del Seminario, se reunió con decanos del Departamento de Educación Superior y directores de programas de la cercana Facultad de Educación de la Universidad de Carolina del Sur. Durante el diálogo se presentó la razón de que un grupo de estudiantes internacionales enriquecería la experiencia de doctorado de todos los estudiantes que cursaran el Doctorado en Educación Superior que ofrecía la universidad. Las facultades del Seminario y el Departamento de Educación Superior de la Universidad diseñaron y aprobaron un programa que contemplaba requisitos electivos en el Doctorado en Administración de la Educación Superior que ofrecía la universidad y que sería completado por cursos en educación teológica internacional impartidos en el Seminario. Sin embargo, el programa de doctorado colaborativo nunca se realizó. La universidad aceptó un número muy limitado de estudiantes para el doctorado en Educación Superior y se asignó prioridad a los solicitantes residentes en el estado.

Como la visión de un doctorado colaborativo en educación teológica internacional comenzó a tomar forma, Ferris y Ralph Enlow, rector de la Universidad Internacional de Columbia, consideraron lanzar un programa de doctorado en educación teológica internacional. Del 7 al 9 de septiembre del año 2000, Enlow convocó una consulta en el Centro de Ministerios de Awana en Streamwood, Illinois, para buscar asesoramiento. Los participantes en la consulta incluyeron a Enlow y Ferris, además de James Pleuddemann de SIM International, Duane Elmer y Linda Cannell de Trinity Evangelical Divinity School, y John Lillis del Seminario Bethel, San Diego.

La propuesta que surgió inicialmente de esta consulta realizada en el año 2000 preveía un doctorado o un doctorado en educación con una «facultad virtual» y elementos del programa ofrecidos a través de talleres y seminarios, así como cursos más tradicionales. A Ferris le fue encargada la redacción de un «documento preliminar» para desarrollar el concepto.

Aunque esta propuesta abordó algunos impedimentos para un programa de estudios de doctorado en educación teológica internacional, no abordó otros. Aspectos de la educación universitaria como la necesidad de reconocimiento del programa, una cultura de elitismo académico, la tendencia hacia la investigación y la acumulación de información versus el aprendizaje en contexto y las demandas de las agencias de acreditación tienden a diferir de las necesidades de capacitación ministerial de la Iglesia global. Cuando esta propuesta parecía económicamente incosteable debido al costo relativamente alto de las becas solicitadas por estudiantes calificados, se tomó la decisión de explorar un proyecto de educación no formal para abordar la necesidad ya identificada.

Conversación, colaboración y desarrollo de conceptos

Enlow, Ferris, Elmer y Lillis dialogaron periódicamente sobre la necesidad de un proyecto de educación no formal, pero todos estaban totalmente comprometidos con sus respectivas instituciones y el progreso fue poco. Durante este tiempo, Lillis recopiló llamadas de países en vías de desarrollo para buscar enfoques alternativos para la preparación del ministerio. Ferris también redactó una propuesta para «Mejorar la educación teológica global» que se distribuyó entre el grupo.

En el otoño de 2002, Elmer fue invitado a dirigir un taller en el Foro de Liderazgo Europeo, que se celebraría en Sopron, Hungría, en mayo de 2003. Elmer propuso explorar la necesidad de un modelo alternativo de preparación ministerial con los participantes en el Foro e invitó a Enlow, Ferris y Lillis para que colaborarán con él para desarrollar y ofrecer las sesiones del taller. Ferris tuvo un cruce de horario con las fechas de mayo, pero los otros tres asistieron al Foro y facilitaron los talleres de seguimiento y una discusión grupal informal sobre las necesidades percibidas y las soluciones propuestas.

A la sesión informal de discusión asistieron unos treinta pastores y líderes de seminario de Europa del Este. El consenso entre los europeos del este fue que la educación teológica actual era, en muchos casos, incapaz de equipar a los pastores para satisfacer las necesidades de la iglesia, abordar los problemas de la cultura y hablar de manera relevante a la generación emergente. Nik Nedelchev, quien era presidente del Instituto Búlgaro de Teología Evangélica y que luego fue presidente de la Alianza Evangélica Europea, resumió acertadamente los sentimientos de muchos de los presentes. Nedelchev dijo: «Importamos los mejores modelos de educación teológica de Occidente y no están haciendo el trabajo de capacitar a nuestros pastores».

El equipo regresó del Foro en Sopron con una gran motivación para atender las necesidades que se habían expresado. Elmer obtuvo un subsidio para cubrir el costo de los talleres en Kiev, Ucrania y Praga, República Checa. Se realizaron reuniones de planificación y se asignaron responsabilidades. Se adoptó el nombre de «Asociados Globales para la Educación Transformacional», se enmarcaron los principios rectores y se concibió un plan de estudios de tres años. Se ofrecerían tres talleres anuales: Año 1: «Fundamentos bíblicos y teóricos para la educación transformacional»; Año 2: «Métodos de enseñanza para la transformación»; y Año 3: «Liderazgo para el aprendizaje transformador». El equipo llegó a una fuerte convicción colectiva de que, para superar la inercia institucional y aumentar la probabilidad de un cambio institucional profundo y duradero, se debía alentar a las escuelas participantes a que trajeran a todo su cuerpo docente y que las sesiones debían ser estructuradas para facilitar la interacción entre todos los participantes. Los cuatro asociados se comprometieron a participar en los talleres iniciales en Kiev y Praga en junio de 2004.

Iniciar el ciclo de talleres

Debido a mensajes contradictorios de la Embajada de Ucrania en Chicago, Elmer y Enlow no obtuvieron visas para Ucrania. Elmer fue rechazado después de llegar a Kiev y a Enlow no se le permitió abordar su vuelo de conexión en Londres. Después de llegar a Kiev Ferris y Lillis supieron que facilitarían el taller inicial sin la ayuda de sus colegas. Afortunadamente, el equipo había intercambiado planes de sesión; Ferris facilitó las sesiones que había preparado y las asignadas originalmente a Elmer; Lillis facilitó las sesiones que había preparado y las asignadas a Enlow. El taller se llevó a cabo en el Seminario Teológico Evangélico de Ucrania, con la asistencia de 40 profesores de doce seminarios. Las sesiones del taller se tradujeron al ruso, lo cual fue un desafío, pero el taller fue bien recibido.

El Dr. Sergiy Sannikov, director de la Asociación de Acreditación Euroasiática (EAAA), estuvo presente en el taller de Kiev. Él reconoció de inmediato el valor del taller de GATE y asumió a GATE como una oportunidad de desarrollo profesional que promovió entre las escuelas miembros de la EAAA hasta su jubilación como director de la EAAA en 2009.

El equipo completo de GATE estuvo presente en el taller en Praga que tuvo lugar en el Seminario Teológico Bautista Internacional. Entre los 43 participantes en ese taller estaba Nik Nedelchev, del Instituto Evangélico de Teología Búlgaro. Al concluir el taller, Nedelchev le pidió al equipo de GATE que programara talleres en Bulgaria. Como resultado, Ferris y Elmer viajaron a Sofía en octubre de 2004 donde facilitaron el tercer taller de GATE para aproximadamente 28 profesores. Aunque a Elmer y Ferris se les aseguró que todos los profesores hablaban inglés, rápidamente se dieron cuenta de que era necesaria la traducción al búlgaro para que los participantes comprendieran plenamente el significado y las implicaciones de los conceptos y principios presentados. Por lo tanto, en su primer año, GATE llevó a cabo un taller del Año 1 en tres naciones de la antigua Unión Soviética, llegó a 111 profesores de universidades y seminarios cristianos y estableció una asociación con EAAA.

En el 2005, los talleres del Año 2 se llevaron a cabo en los lugares establecidos el año anterior y se lanzó una nueva secuencia de talleres en Moscú. Sin embargo, Moscú demostró ser un lugar caro, por lo que el resto de los talleres de ese ciclo se trasladaron a Odessa, Ucrania. El equipo también reconoció que debía extenderse el currículo de tres años previsto inicialmente con la adición de un taller del Año 4 sobre «Desarrollo de planes de estudio para la educación transformacional».

Una red global a través de asociaciones regionales

A medida que se difundió la información sobre los talleres de GATE, el equipo recibió un número creciente de solicitudes para impartir talleres en otras regiones. Dieumème Noelliste, de la Asociación de Teología Evangélica del Caribe, insistió en que GATE debía impartir talleres en la región del Caribe, pero el equipo encontró que su capacidad estaba limitada por el tiempo y la financiación.

En el 2008, una vez completada la secuencia inicial de cuatro años de talleres en Europa del Este, el equipo de GATE estaba listo para expandir su área de servicio. Ferris y Lillis tenían contactos en Asia, lo que llevó a ofrecer los talleres de GATE en Filipinas; Elmer y Ferris también tenían contactos con líderes de la Asociación para la Educación Teológica Cristiana en África (ACTEA[1]), lo que llevó a ofrecer talleres en Kenia y Etiopía a partir de 2008. En Filipinas, se programaron talleres en Manila y Davao, y en África Oriental se programaron talleres en Nairobi, Kenia y Lago Langano, Etiopía. Desde el principio, Asia Graduate School of Theology (un programa de la Asociación Teológica de Asia) copatrocinó los talleres de GATE en Filipinas y ACTEA copatrocinó talleres de GATE en África Oriental. El liderazgo de Theresa Lua, de AGST, y Stephanie Black y Philippe Emedi, de ACTEA, fue crucial para el éxito de los talleres en sus regiones. En el 2010, Elmer informó a los otros miembros del equipo de GATE que deseaba buscar otras oportunidades y suspendió su participación en el proyecto.

A lo largo de la primera década de su ministerio, el equipo de GATE continuó desarrollando y revisando el currículo del taller. Cada taller fue evaluado por

---

1. Consejo de Acreditación para la Educación Teológica en África, en aquel momento.

los participantes y examinado por el equipo de GATE. Las lecciones aprendidas fueron documentadas y los currículos fueron perfeccionados.

En el 2010, el *Overseas Council* (OC)[2] le pidió a GATE que ofreciera talleres patrocinados conjuntamente en la India y en Togo, África Occidental, pero especificó que los talleres debían ofrecerse en una secuencia de dos años, en lugar de cuatro años. El equipo de GATE acordó ofrecer los talleres según lo solicitado a modo de prueba. Las sesiones de los talleres del Año 1 y Año 2 se combinaron en un programa de cinco días y se realizaron talleres en Bangalore, India, y en Lomé, Togo, en el 2011. En el 2012, las sesiones de los talleres del Año 3 y Año 4 se ofrecieron en los mismos lugares. Aunque los talleres fueron bien recibidos, el equipo de GATE decidió que la decisión original de realizar ciclos de talleres en cuatro años era acertada. A mayor número de intervenciones con cada grupo de profesores se aumenta la probabilidad de cambio institucional y se brindan tres oportunidades (en vez de una) para informar al profesorado sobre la implementación de las lecciones aprendidas y brindar asesoramiento sobre cómo superar las barreras encontradas.

Miembros de OC y miembros del equipo de GATE interactuaron periódicamente de manera informal y formal incluso antes de la formación de GATE. Cuando Ferris fue invitado a reunirse con personal de los Ministerios Internacionales de OC, en el 2011, él los invitó a asistir a un taller de GATE como observadores. En abril del 2012, Josué Fernández, Director Regional de OC para América Latina y el Caribe, y Riad Kassis, entonces Director Regional de OC para Europa y Oriente Medio, observaron los talleres del Año 4 en Filipinas. A los hombres les entusiasmaron los talleres observados y Fernández insistió en que GATE debía lanzar talleres en América Latina y el Caribe el año siguiente.

En el 2014, Taras Dyatlik, Director Regional de OC para Europa del Este y Director de EAAA, observó un Taller de GATE del Año 1 en Nairobi. Sin experiencia personal previa en un taller de GATE, Dyatlik llegó a Nairobi escéptico sobre el valor del proyecto de GATE y su idoneidad en el contexto de EAAA. Sin embargo, el segundo día del taller reconoció que este ofrecía, en sus palabras, «exactamente la capacitación que necesitaba el profesorado en la región de la EAAA». Desafortunadamente, los disturbios políticos y la acción

---

2. Overseas Council International (OCI), en aquel momento.

militar rusa en Ucrania en el 2014 hicieron imposible que se lanzara un nuevo ciclo de talleres de GATE en Ucrania o Rusia en ese momento.

Un equipo global de entrenadores asociados

Desde el principio, el equipo de GATE reconoció que los recursos de capacitación y apoyo de la educación transformacional debían ubicarse en las regiones de las escuelas e iglesias para las que estaban diseñados a servir y que el equipo de GATE debía incluir asociados de todas las regiones globales. En marzo de 2012, el equipo de GATE realizó un taller de «Capacitación de capacitadores» en Orlando, Florida, al que se invitó a tres candidatos bien calificados. John Jusu, un sierraleonés con un Doctorado en Ministerios Educativos de Trinity Evangelical Divinity School, que había trabajado con GATE para facilitar talleres en Nairobi, Kenia, Lago Langano, Etiopía y Odessa, Ucrania. Joanna Feliciano Soberano, una filipina que también tiene un Doctorado en Ministerios Educativos de Trinity Evangelical Divinity School, y que había trabajado con GATE para facilitar talleres en Manila y Davao, Filipinas. Gary Griffith, un estadounidense que sirvió durante catorce años en Bulgaria y que tiene un Doctorado en Teología en Nuevo Testamento de la Universidad de Edimburgo, había participado en los talleres de GATE mientras trabajaba en la facultad del Instituto Evangélico de Teología de Bulgaria. Las sesiones de «Capacitación de capacitadores» se diseñaron para que los participantes conocieran la misión, los valores fundamentales y la filosofía educativa de GATE. Al finalizar el taller, el equipo de GATE se amplió de tres a seis Asociados.

El siguiente paso se dio en el 2013, cuando se lanzaron los talleres de GATE en América Latina. Josué Fernández, del *Overseas Council*, identificó a doce educadores teológicos de América Latina y el Caribe para ser capacitados como Asociados de GATE. Debido a que estos educadores no habían experimentado personalmente un taller de GATE, se programó un taller de capacitación de dos semanas en Quito, Ecuador. Durante la primera semana, el equipo de GATE facilitó un taller del Año 1 y del Año 2 para tres seminarios ecuatorianos, mientras que los aprendices observaron las sesiones del taller. Durante la segunda semana, el equipo de GATE revisó el currículo de los talleres del Año 3 y Año 4 a la vez que mostró a los aprendices los valores fundamentales y la filosofía de la educación de GATE. Se dividió a los aprendices en tres equipos y se les dio la responsabilidad de facilitar un taller del Año 1 en los doce meses siguientes, supervisados por un Asociado de GATE. Se asignó un equipo para facilitar un taller en el Caribe, otro en México y un tercero en Brasil. Los ciclos de talleres iniciados en estos lugares en el 2014 se completaron en el 2017. Nueve de los doce aprendices originales, más uno más que se unió luego al equipo, completaron la capacitación y se les nombró Asociados de GATE.

Cuando se lanzaron los ciclos de «Capacitación de capacitadores» en Filipinas y África Oriental en el 2014, todos los aprendices ya habían completado el currículo de cuatro años de GATE como participantes del taller. Además, el currículo de capacitación se adaptó para permitir que los aprendices observaran los talleres cada año. En el 2014, GATE lanzó un nuevo ciclo de talleres en Nairobi y en Manila a donde los aprendices fueron como observadores. Durante los talleres, los Asociados examinaron las sesiones con los aprendices, y después del taller los aprendices recibieron capacitación adicional en los valores y la filosofía educativa de GATE, así como en la teoría educativa que respaldaba la sesión que acaban de observar. Durante el siguiente año, los participantes fueron asignados a equipos y se les pidió que facilitaran un taller como el que habían observado, supervisados por un Asociado de GATE. Este modelo de capacitación ha demostrado ser más satisfactorio que el utilizado en América Latina y el Caribe. Se acordó que, en el futuro, los participantes deben haber estado en los talleres de GATE como profesores participantes antes de ingresar al programa de «Capacitación de capacitadores».

Una empresa global que aumenta su impacto global

En el 2018, cuando todos los aprendices hayan completado el presente ciclo de «Capacitación de capacitadores», se espera que la lista de GATE incluya treinta y dos Asociados, incluidas once mujeres y veintiún hombres de trece países de Asia, África, América Latina, América del Norte y el Caribe. Durante el 2017, GATE ha realizado 75 talleres[3] en 23 sedes con una inscripción de

---

3. Están programados trece talleres adicionales para completar los ciclos de capacitación actuales en el 2018.

2,449 profesores, incluyendo al menos 779 profesores no duplicados[4] de 110 universidades y seminarios cristianos en 24 naciones. Los fondos para financiar el ministerio de GATE han sido proporcionados por amigos, iglesias y fundaciones asociadas en los Estados Unidos. Por todo esto, le damos la Gloria a Dios.

---

4. Esto representa el total de participantes en los talleres del Año 1; ya que otros profesores se unen a los talleres en el Año 2 o después, el número real de participantes no duplicados es mayor.

Apéndice B

Filosofía de enseñanza y aprendizaje de GATE

A medida que el equipo de GATE se enfrentaba a la preocupante realidad del cristianismo superficial en la iglesia global, su respuesta se basó en varias observaciones y compromisos.

Compromiso para efectuar el cambio organizacional

En contraste con los modelos predominantes de educación que se centran en la transferencia de información, la teoría educativa y la investigación confirman el entendimiento hebraico de que el aprendizaje está incompleto hasta que se haya aplicado. Para brindar una mayor oportunidad para la aplicación del aprendizaje, el equipo proporciona nueva información y entrenamiento en secciones pequeñas. En lugar de programar talleres de cinco o diez días, cada taller se planifica como un evento de tres días con talleres sucesivos programados anualmente durante un ciclo de cuatro años. Durante cada taller, el profesorado planifica la implementación de la información y las habilidades adquiridas. Al comienzo de cada taller sucesivo, se invita a los participantes a informar sobre la aplicación del aprendizaje obtenido el año anterior. Las dificultades informadas brindan la oportunidad de que los participantes y facilitadores reflexionen colectivamente sobre estrategias para evitar y superar esas barreras específicas.

La investigación sobre el cambio organizacional también indica que la probabilidad de cambio aumenta cuando la mayoría de los miembros de la comunidad comprenden y aceptan una innovación y sus medios de implementación. Por lo tanto, el equipo de GATE limita el número de escuelas participantes con el objetivo de comprometer a la mayoría o a todos los profesores de cada institución participante. Para incentivar la participación mayoritaria del personal docente, el registro se cobra de manera institucional; el costo es el mismo ya sea que asistan dos miembros de la facultad o toda la facultad. Sin embargo, se otorga un descuento del 40% a cualquier institución que registre a la gran mayoría de sus profesores. Se otorga un descuento adicional del 20% a las escuelas cuando asiste el presidente, el director, el vicecanciller o el rector. El efecto ha sido asegurar que, para la mayoría de las instituciones participantes, la mayoría de los profesores y líderes administrativos estén familiarizados con las perspectivas y metodologías de la educación transformacional.

Compromisos teológicos y hermenéuticos

La verdadera transformación de la vida es una obra de Dios; los maestros pueden desafiar a los alumnos a pensar críticamente sobre suposiciones y valores, pero solo Dios puede extender la gracia necesaria para cambiar el corazón de una persona. Los estudiantes deben optar por adoptar nuevas formas, pero la gracia es necesaria para superar las tendencias egocéntricas y los patrones establecidos con el fin de elegir formas de pensar, actuar, relacionarse y enseñar de manera bíblica y misionera.

Los principales instrumentos utilizados por el Espíritu Santo para efectuar un cambio transformador son las Sagradas Escrituras y el ejemplo de maestros y líderes que modelan perspectivas, estrategias y relaciones alternativas. Las Escrituras proporcionan el contenido esencial para la transformación de la vida y, por lo tanto, deben enseñarse con fidelidad a la intención del autor, como lo indica la atención lingüística e histórica a los contextos inmediatos y canónicos.

La vida del líder, en contextos escolares, la facultad y su administración, es igualmente fundamental ya que constituye el currículo implícito estudiado y aprendido por otros. Si las verdades enseñadas no se validan en la práctica, es probable que no se tengan en cuenta. Por esta razón, el equipo diseña talleres de GATE para demostrar los valores bíblicos y educativos y los métodos relacionales e instructivos que se enseñan. Estos valores, así como los principios teológicos y educativos subyacentes, constituyen un aspecto fundamental de la capacitación de GATE para nuevos asociados.

La naturaleza de la verdad

Reconociendo que cada individuo construye su comprensión de la verdad, el equipo de GATE rechaza la afirmación no bíblica de que toda verdad es personal y, por lo tanto, relativa. Específicamente, en las áreas de la revelación de Dios y el mundo físico, las afirmaciones de la verdad se pueden probar y la mentira se puede falsificar, exponer y rechazar. Basándose en los elementos revelados por Dios para probar a un profeta (Deuteronomio 13: 1–5; 18: 20–22), el equipo examina las afirmaciones de la verdad para verificar su coherencia con la revelación anterior (es decir, con las enseñanzas morales y teológicas de las Escrituras) y la coherencia con el mundo de realidades, observado empíricamente.

Adecuación contextual

El compromiso del equipo de GATE con la verdad objetiva no descarta la importancia de las realidades contextuales. El equipo busca comprender los contextos del profesorado que participa en los talleres de GATE, incluidos los de los estudiantes y las iglesias constituyentes. A medida que el equipo comparte principios bíblicos y educativos, con frecuencia se pregunta: «¿Cómo funciona esto en su contexto?»

El compromiso con la contextualización es un valor central de GATE. El equipo original de cuatro ha sido intencional en el desarrollo de un equipo culturalmente diverso de treinta y dos mujeres y hombres de Asia, África, América Latina y el Caribe, así como América del Norte. Debido a que estos defensores integrados del cambio transformador comprenden los contextos culturales y eclesiales en los que trabajan, pueden ser más efectivos para adaptar los valores, perspectivas y métodos de educación transformacional a las escuelas e iglesias de sus respectivas regiones.

Una consideración sobre el estudiante

Los estudiantes son personas que llevan la imagen de Dios y por lo tanto tienen un gran valor. Las relaciones que degradan o manipulan a los estudiantes son inherentemente inapropiadas en el entorno de aprendizaje. En los talleres de GATE, el equipo modela el respeto por los alumnos y entre ellos. El enfoque de nuestro equipo ofrece múltiples oportunidades para apoyarse mutuamente y reforzar las contribuciones de los participantes en el taller. Cuando se ofrecen observaciones u opiniones que reflejan malentendidos o que son inútiles, los alumnos son confrontados respetuosamente. Debido a que el ambiente del taller es dialógico, esto ocurre naturalmente.

Los alumnos tienen una capacidad para aprender y cambiar que no han utilizado. Vemos muchas evidencias de que los participantes en los talleres de GATE quieren honrar a Dios con su enseñanza y quieren ver un cambio transformador en sus estudiantes. Esto proporciona el estímulo para desafiar a los alumnos a reevaluar sus suposiciones y prácticas educativas a la luz de los principios bíblicos y las mejores prácticas educativas. Cuando la verdad bíblica y las perspectivas y métodos de la educación transformacional se modelan y se enseñan adecuadamente, vemos que los estudiantes adoptan e implementan estrategias que fomentan el cambio transformacional.

El propósito de la educación

La educación debe proporcionar un ambiente rico en verdades bíblicas, adecuadamente enseñadas y modeladas, que el Espíritu Santo pueda usar para transformar las vidas de los alumnos. El objetivo de la educación debe ser equipar a los alumnos con información, estrategias y perspectivas adecuadas para su llamado dentro de su comunidad y cultura.

Debido a que el término se usa de forma diversa en la literatura educativa, consideramos que es necesario definir «Educación transformacional». Tal como lo utiliza el equipo de GATE, la «Educación transformacional» se produce cuando una institución y un maestro crean un entorno, a través de un modelo personal, a través del currículo y diseño del curso, y mediante la interacción dentro y fuera de la clase, que alienta a los alumnos a integrar la verdad de Dios en sus perspectivas principales, valores fundamentales, patrones relacionales y hábitos de vida, abriéndose así al poder transformador de Dios. Las instituciones y los maestros que crean dichos entornos pueden describirse como comprometidos con la educación transformacional. Cuando los estudiantes son transformados por la gracia de Dios, el efecto se extiende a todos los aspectos de la vida y se vive en comunidad.

El papel del maestro

Dios responsabiliza a aquellos que enseñan (Santiago 3: 1) y, por lo tanto, los maestros están obligados a ser expertos en la materia en sus campos de disciplina. Sin embargo, el llamamiento del maestro no es principalmente para transferir información sino para emplear información compartida hacia el objetivo de la transformación de la vida. En este sentido, es fundamental, como se señaló anteriormente, que el maestro encarne, y por lo tanto modele para los alumnos, la aplicación de las verdades enseñadas.

En el aula, en el campus y en la comunidad, compartimos información, fomentamos la curiosidad y desarrollamos habilidades de investigación, modelamos y alentamos la reflexión sobre los principios subyacentes y las estructuras cognitivas, enseñamos y practicamos habilidades relacionales y de ministerio, e identificamos, exploramos, desafiamos (según corresponda), y de esa forma moldeamos las perspectivas de los alumnos con respecto al proceso de enseñanza-aprendizaje, la vida cristiana, el ministerio de la iglesia y su llamado personal.

Los maestros también necesitan conocer a sus alumnos, su contexto de ministerio actual o el que tendrán en el futuro, sus contextos individuales y familiares, sus historias educativas anteriores y sus miedos, desafíos, alegrías, llamamientos y aspiraciones personales. El aprendizaje es un evento social pero la enseñanza siempre es personal y relacional. Solo cuando nosotros como maestros conozcamos a nuestros alumnos, podremos dar forma al contexto de aprendizaje para el trabajo transformador del Espíritu Santo. De este modo, el profesor enseña para la comprensión holística y la aplicación de la verdad en el contexto del alumno.

Apéndice C

Currículo de los talleres de GATE[1]

GATE ofrece una serie de cuatro talleres anuales. Nos referimos a ellos como talleres porque la sala en la que nos reunimos se convierte en un «taller» en el que trabajamos juntos para comprender las implicaciones de nuestros compromisos teológicos para la forma en que planificamos los programas educativos y las formas en que enseñamos. Como equipo de GATE, brindamos a los talleres una sólida integración de teología bíblica, teoría fundamentada e investigación educativa en cognición humana, psicología del aprendizaje y cambio organizacional. Nuestra metodología en los talleres se basa en establecer un contexto donde el profesorado pueda interactuar con la teoría, la teología y sus realidades culturales e institucionales de manera que faciliten e incentiven el cambio institucional.

Fundamentos teológicos y filosóficos para la educación transformacional / Año 1

Este taller involucra a los participantes en un proceso de descubrimiento para determinar cómo factores tales como las características de los estudiantes entrantes, la naturaleza de la iglesia y las realidades de sus propias culturas impactan los diseños y resultados de las experiencias educativas. Se brinda un énfasis especial a la introducción de categorías bíblicas/teológicas relevantes y

---

1. Tomado de https://www.gateglobal.org/curriculum.html.

a modelar las prácticas educativas establecidas. El profesorado establece metas institucionales e individuales para el año venidero.

Métodos de enseñanza para la educación transformacional / Año 2

En este taller, los participantes exploran la metodología del aula que conduce a la transformación de la vida en lugar del simple procesamiento de la información. Los participantes descubren que diseñar experiencias educativas que promuevan el aprendizaje transformacional implica más que solo organizar y entregar contenido. Se presta especial atención a la amplia variedad de métodos utilizados por Jesús, así como a los propósitos que tenía para utilizar diferentes enfoques. En este y en cada taller posterior, el profesorado informa sobre qué tan bien lograron sus metas del año anterior y cómo establecieron metas institucionales e individuales para el año siguiente.

Liderazgo que transforma la educación / Año 3

Este taller considera cómo las prácticas administrativas tales como los estilos de liderazgo, la toma de decisiones, la gestión del personal y la resolución de conflictos afectan el aprendizaje de los estudiantes en una escuela. Los participantes examinan los valores que informan estas prácticas y lo que los estudiantes están aprendiendo a través de este currículo oculto o implícito de la escuela. Las metáforas bíblicas para el liderazgo y el desarrollo del liderazgo se discuten con miras a hacer cambios apropiados en la práctica para situaciones dadas.

Desarrollo del currículo para la Educación Transformacional / Año 4

El taller final aborda el currículo de la escuela y cómo debe configurarse en función del contexto del ministerio con el que se encontrarán los graduados. Los participantes consideran cómo el estado de la iglesia local, la cultura local, así como los requisitos bíblicos y culturales para que los líderes de la iglesia impacten el diseño curricular de la escuela. Un componente clave de este taller es la creación de un perfil de ministerio que describe las habilidades y los rasgos de carácter necesarios para el ministerio en el contexto local. El objetivo del taller es producir ajustes institucionales significativos a corto y a largo plazo y mejoras a los cursos individuales para los participantes.

Apéndice D

Programa del taller del Año 1

Hora*	Día 1	Día 2	Día 3	Día 4
8:00–8:30		Desayuno	Desayuno	Desayuno
8:45–9:15		Devocional Matutino	Devocional Matutino	Devocional Matutino
9:15–10:30		01: Metáforas para la enseñanza y el aprendizaje	03: Estudiantes entrantes y desafíos futuros	05: El ciclo del aprendizaje
10:30–11:00		Receso Matutino	Receso Matutino	Receso Matutino
11:00–12:30		Metáforas para la enseñanza y el aprendizaje – cont.	Estudiantes entrantes y desafíos futuros – cont.	Sesión de clausura: Expectativas Libros de regalo Certificados Evaluación del taller
12:30–14:00	Almuerzo del equipo de GATE	Almuerzo y siesta	Almuerzo y siesta	Almuerzo y siesta

		02: Cualidades de los graduados, Líderes Bíblicos	04: Cambio de paradigma: enseñar para aprender	Partida de profesores participantes
14:00–15:30				
15:30–16:00	Llegada y registro	Receso vespertino	Receso vespertino	Receso vespertino
16:00–17:30		Cualidades de los graduados, Líderes Bíblicos – cont.	Cambio de paradigma: enseñar para aprender – cont.	Conclusión por equipo de GATE
18:00–18:45	Comida	Comida	Comida	Comida
19:00–21:00	Bienvenida Tema del taller Expectativas Presentaciones	Compañerismo Tiempo libre	Compañerismo ‡ Tiempo libre	Partida de equipo GATE

* Nota: El programa debe ajustarse para reflejar el horario normal de comidas en el lugar del taller. Cada sesión extendida debe durar unas tres horas en dos segmentos de 90 minutos.

‡ Si se desea tiempo adicional para la sesión 05: «El ciclo del aprendizaje», se puede usar la sesión de la tarde del día 3.

Apéndice E

Lecturas adicionales

Piaget

Jardine, David William. *Piaget & Education Primer*. Nueva York: Peter Lang, 2006.
Labinowicz, Ed. *The Piaget Primer: Thinking, Learning, Teaching*. Menlo Park, CA: Addison-Wesley, 1980.

Freire

Freire, Paulo. *Education for Critical Consciousness*. 1ra Edición Americana. Nueva York: Seabury Press, 1973.
_____. *Pedagogy of the Oppressed*. Edición 13 aniversario. Nueva York: Continuum, 2000.
Gadotti, Moacir. *Reading Paulo Freire: His Life and Work*. Albany, NY: State University of New York Press, 1994.

Vella

Vella, Jane. *Learning to Listen, Learning to Teach: The Power of Dialogue in Educating Adults*. Edición Revisada. San Francisco: Jossey-Bass, 2002.
_____. *On Teaching and Learning*. San Francisco: Jossey-Bass, 2008.
_____. *Taking Learning to Task*. San Francisco: Jossey-Bass, 2001.

Bloom

Anderson, Lorin W. y David R. Krathwohl, eds. *A Taxonomy for Learning, Teaching, and Assessing: A Revision of Bloom's Taxonomy of Educational Objectives*. Versión abreviada. Nueva York: Pearson, 2001.

Brain Imaging Technology

Johnson, Sandra, and Kathleen Taylor. *The Neuroscience of Adult Learning. New Directions for Adult and Continuing Education 110*. San Francisco: JosseyBass, 2006.

Zull, James E. *Art of Changing the Brain*. Dulles: Stylus Publishing, 2011.

_____. *From Brain to Mind: Using Neuroscience to Guide Change in Education*. Sterling, VA: Stylus, 2011.

Kolb

Kolb, D. A. *Experiential Learning*, Englewood Cliffs, NJ: Prentice Hall, 1984.

Mezirow

Cranton, Patricia. *Understanding and Promoting Transformative Learning: A Guide for Educators of Adults*. San Francisco: Jossey-Bass, 1994.

Mezirow, Jack. *Fostering Critical Reflection in Adulthood: A Guide to Transformative and Emancipatory Learning*. San Francisco: Jossey-Bass Publishers, 1990.

_____. *Transformative Dimensions of Adult Learning*. San Francisco: Jossey-Bass, 1991.

Bibliografía

Anderson, Keith R. y Randy D. Reese, *Spiritual Mentoring: A Guide for Seeking and Giving Direction*. Downers Grove, IL: InterVarsity Press, 1999.

Anderson, Lorin W. y David R. Krathwohl, eds. *A Taxonomy for Learning, Teaching, and Assessing: A Revision of Bloom's Taxonomy of Educational Objectives*. Nueva York: Pearson Education, 2000.

Awbrey, Susan M., "General Education Reform as Organizational Change: Integrating Cultural and Structural Change," *Journal of General Education* 54, no. 1, (2005): 5.

Barclay, William. *Educational Ideals in the Ancient World*. Grand Rapids: Baker Book House, 1959.

Bloom, Benjamin S., Max D. Engelhart, Edward J. Furst, Walker H. Hill, y David R. Krathwohl. *Taxonomy of Educational Objectives: Handbook 1, The Cognitive Domain*. Nueva York: Longman, 1956.

Bridges, William. *Managing Transitions*. Cambridge, MA: Da Capo Press, 1991.

Brookfield, Stephen D. *The Skillful Teacher*. 2da Edición. San Francisco: Jossey-Bass, 2006.

Center for Global Christianity. "Christianity in its Global Context: 1970–2020: Society, Religion, and Mission." Gordon-Conwell Theological Seminary, junio 2013. Revisado 15 marzo 2017. http://wwwgordonconwell.com/netcommunity/CSGCResources/ChristianityinitsGlobalContext.pdf.

Cranton, Patricia. "Self-Directed and Transformational Instructional Development." Journal of Higher Education 65, no. 6 (1994): 726–744.

_____. "Teaching for Transformation." New Directions for Adult and Continuing Education 2002, no. 93 (2002): 63–72.

_____. *Understanding and Promoting Transformative Learning: A Guide for Educators of Adults*. San Francisco: Jossey-Bass, 2006.

Crouch, Andy. *Playing God: Redeeming the Gift of Power*. Downers Grove, IL: InterVarsity Press, 2013.

El-Khawas, Elaine. Accreditation in the USA: Origins, Developments, and Future Prospects. Paris: International Institute for Educational Planning, UNESCO, 2001. Revisado 27 julio 2017. http://unesdoc.unesco.org/images/0012/001292/129295e. pdf.

Elmer, Duane. *Cross-Cultural Conflict: Building Relationships for Effective Ministry*. Downers Grove, IL: Intervarsity Press, 1993.

Enlow, Ralph E. *The Leader's Palette*. Bloomington, IN: Westbow Press, 2013.

Epstein, M.J. y K. Yuthas, *Measuring and Improving Social Impacts*. San Francisco: Barrett-Koehler Publishers, 2014.

Ewell, Peter T. "An Emerging Scholarship: A Brief History of Assessment." National Center for Higher Education Management Systems (NCHEMS). Revisado 29 julio 2017. https://westmoreland.edu/media/124908/ie-assessment-info-6-a_brief_history_of_assessment.pdf.

Ferris, Robert W. ed. *Establishing Ministry Training: A Manual for Programme Developers*. Pasadena, CA: William Carey Library, 1995.

Foster, Richard. *Celebration of Discipline: The Path to Spiritual Growth*. 3ra Edición. Nueva York: HarperCollins, 1998.

Freire, Paulo. *Pedagogy of the Oppressed*. Nueva York: Seabury Press, 1970.

Hiebert, Paul G. *Transforming Worldviews: An Anthropological Understanding of How People Change*. Grand Rapids: Baker Academic, 2008.

Horne, Herman. *Jesus the Teacher*. Grand Rapids: Kregel Publications, 1998.

Jackson, Philip. *Life in Classrooms*. Nueva York: Holt, Rinehart y Winston, 1968.

Johnson, D.W., R.T. Johnson, y K.A. Smith. *Active Learning: Cooperation in the College Classroom*. Edina, MN: Interaction Book Company, 2006.

Kinsler, F. Ross. "Bases for Change in Theological Education." In The Extension Movement in Theological Education, edición revisada, 3–24. Pasadena, CA: William Carey Library, 1978, 1981.

Kolb, D. A. *Experiential Learning*, Englewood Cliffs, NJ: Prentice Hall, 1984.

Kotter, John. The Heart of Change. Boston: Harvard Business School, 2002.

_____. Leading Change. Boston: Harvard Business School, 1996.

Krathwohl, David R. "A Revision of Bloom's Taxonomy: An Overview." Theory Into Practice 41, no. 4 (otoño 2002): 212–218.

Krathwohl, David R., Benjamin S. Bloom, and Bertram B. Masia. *Taxonomy of Educational Objectives: Handbook 2, The Affective Domain*. Nueva York: Longman, 1957.

Lipka, Michael, and Conrad Hackett. "Why Muslims Are the World's Fastest Growing Religious Group." Pew Research, 6 abril 2017. Revisado 21 septiembre 2017. http:// www.pewresearch.org/fact-tank/2017/04/06/why-muslims-are-the-worldsfastest-growing-religious-group/.

Lyall, Leslie T. *A Passion for the Impossible: The Continuing Story of the Mission Hudson Taylor Began*. Londres: OMF, 1965.

Mezirow, Jack. Education for Perspective Transformation: Women's Re-Entry Programs in Community Colleges. Nueva York: Center for Adult Education, Teachers College, Columbia University, 1978.

_____. Fostering Critical Reflection in Adulthood: A Guide to Transformative and Emancipatory Learning. San Francisco: Jossey-Bass, 1990.

_____. "Transformative Learning: Theory to Practice." New Directions for Adult and Continuing Education 1997, no. 74 (1997): 5–12.

Mulholland, M. Robert, Jr. *Invitation to a Journey: A Road Map for Spiritual Formation.* Downers Grove, IL: Intervarsity Press, 1993.

Palmer, Parker. *The Courage to Teach: Exploring the Inner Landscape of a Teacher's Life.* San Francisco: Jossey-Bass, 1998.

Peterson, Eugene. *Eat This Book: A Conversation in the Art of Spiritual Reading.* Grand Rapids: Eerdmans, 2006.

Rice, Brian K. *The Exercises Volume One: Conversations.* York, PA: Leadership ConneXtions International, 2012.

Skinner, B.F. *Science and Human Behavior.* Nueva York: The Free Press, 1953.

Taylor, Edward W. "Analyzing Research on Transformational Learning Theory." In Jack Mezirow and Associates, Learning as Transformation: Critical Perspectives on a Theory in Progress, primera edición, 285–328 (San Francisco: Jossey-Bass, 2000).

Tyler, Ralph W. Basic Principles of Curriculum and Instruction. Chicago: University of Chicago Press, 1949.

Vella, Jane. *Learning to Listen, Learning to Teach,* Edición revisada. San Francisco: Jossey-Bass, 2002.

_____. *On Teaching and Learning.* San Francisco: Jossey-Bass, 2008.

_____. *Taking Learning to Task.* San Francisco: Jossey-Bass, 2001.

Weimer, Maryellen. *Learner-Centered Teaching.* San Francisco: Jossey-Bass, 2002.

Willard, Dallas. The Divine Conspiracy: Rediscovering Our Hidden Life in God. Downers Grove, IL: InterVarsity, 1998.

_____. Hearing God: Developing a Conversational Relationship with God. Downers Grove, IL: InterVarsity, 2012.

_____. The Spirit of the Disciplines: Understanding How God Changes Lives. Downers Grove, IL: InterVarsity, 1999.

Zuck, Roy B. *Teaching as Jesus Taught.* Grand Rapids: Baker Book House, 1995.

Zull, James E. *The Art of Changing the Brain.* Sterling, VA: Stylus, 2002.

ICETE es una comunidad global, patrocinada por nueve redes regionales de instituciones teológicas, dedicada a fomentar la interacción y colaboración internacional entre todos aquellos que intervienen en el fortalecimiento y el desarrollo de la educación teológica evangélica y del liderazgo cristiano alrededor del mundo.

El propósito de ICETE es:
1. Promover el mejoramiento de la educación teológica evangélica alrededor del mundo.
2. Servir como foro para la interacción, asociación y colaboración entre quienes intervienen en la educación teológica evangélica y en el desarrollo de liderazgo evangélico, para su mutua asistencia, estimulación y enriquecimiento.
3. Ofrecer servicios de apoyo y asesoramiento para asociaciones regionales de instituciones evangélicas de educación teológica alrededor del mundo.
4. Facilitar, para las redes regionales, la promoción de sus servicios entre las instituciones evangélicas de educación teológica dentro de sus regiones.

Las asociaciones patrocinadoras incluyen:

África: Association for Christian Theological Education in Africa (ACTEA)

Asia: Asia Theological Association (ATA)

Caribe: Caribbean Evangelical Theological Association (CETA)

Europa: European Evangelical Accrediting Association (EEAA)

Euro-Asia: Euro-Asian Accrediting Association (E-AAA)

América Latina: Asociación Evangélica de Educación Teológica en América Latina (AETAL)

Medio Oriente y Norte de África: Middle East Association for Theological Education (MEATE)

América del Norte: Association for Biblical Higher Education (ABHE)

Pacífic-Sur: South Pacific Association of Evangelical Colleges (SPAEC)

www.icete-edu.org

Langham Partnership es una comunidad mundial que trabaja con el ánimo de cumplir la visión que Dios le encomendó a su fundador, John Stott, consistente en:

facilitar el crecimiento de la iglesia en madurez y en semejanza a Cristo elevando los niveles de predicación y enseñanza bíblica.

Nuestra visión es ver que las iglesias en el mundo mayoritario estén equipadas para la misión y creciendo hacia la madurez en Cristo a través del ministerio de sus pastores y líderes, quienes creen, enseñan y viven por la Palabra de Dios.

Nuestra misión es fortalecer el ministerio de la Palabra de Dios:
- fortaleciendo movimientos nacionales de predicación bíblica;
- favoreciendo la creación y distribución de literatura evangélica; y
- favoreciendo la creación y distribución de literatura evangélica; y
- elevando el nivel de la educación teológica evangélica,

especialmente en países donde las iglesias carecen de recursos.

Nuestro ministerio

Langham Preaching se asocia con líderes nacionales que estimulan movimientos locales de predicación bíblica para pastores y predicadores laicos en el mundo entero. Con el apoyo de un equipo de capacitadores provenientes de diversos países, se desarrolla un programa de seminarios a diversos niveles que proveen capacitación práctica, al cual le sigue un programa que busca formar facilitadores locales. Los grupos locales de predicación (escuelas de expositores) y las redes nacionales y regionales se encargan de dar continuidad a los programas e impulsar su desarrollo ulterior con el fin de construir un movimiento vigoroso comprometido con la exposición bíblica.

Langham Literature provee a los pastores, seminarios y académicos del mundo mayoritario libros evangélicos y recursos electrónicos mediante becas, descuentos y mecanismos de distribución. El programa también auspicia la producción de literatura evangélica para pastores en diversos idiomas a través de talleres para escritores y editores, respaldo a la tarea literaria, traducciones, fortalecimiento de casas editoriales evangélicas e inversiones en proyectos regionales de literatura, tales como el *African Bible Commentary*.

Langham Scholars provee apoyo financiero para estudiantes evangélicos a nivel doctoral provenientes del mundo mayoritario, de tal manera que, una vez que regresen a sus países, puedan capacitar a pastores y otros líderes cristianos brindándoles una sólida formación bíblica y teológica. Éste es un programa que equipa a quienes van a equipar a otros. Langham Scholars trabaja igualmente con seminarios del mundo mayoritario fortaleciendo su educación teológica. Un número creciente de académicos de Langham Scholars estudia en programas doctorales de alta calidad en reconocidos centros del mundo mayoritario. Además de formar la siguiente generación de pastores, los graduados de Langham Scholars ejercen una influencia significativa a través de sus escritos y liderazgos.

Para obtener más información sobre la Langham Partnership y el trabajo que desarrollamos visítenos en **www.langham.org**.

www.ingramcontent.com/pod-product-compliance
Lightning Source LLC
Chambersburg PA
CBHW050110170426
43198CB00014B/2520